CATALOGUE

D'ESTAMPES ANCIENNES

ET

DESSINS

COMPOSANT

La magnifique Collection de feu M. Emile GALICHON

ANCIEN DIRECTEUR DE LA GAZETTE DES BEAUX-ARTS

DONT LA VENTE AUX ENCHÈRES PUBLIQUES AURA LIEU

HOTEL DROUOT, SALLE N° 3,

Le Lundi 10 Mai 1875 et les quatre jours suivants

À DEUX HEURES PRÉCISES

Par le ministère de Mᵉ **DELBERGUE-CORMONT**, Commissaire-Priseur,
8, rue de Provence,

Assisté de **M. CLÉMENT**, Marchand d'Estampes de la Bibliothèque Nationale,
rue des Saints-Pères, 3.

EXPOSITIONS:

PARTICULIÈRE : LE 8 MAI 1875. — *PUBLIQUE :* LE 9 MAI 1875.

De deux heures à cinq heures.

Elle sera faite au comptant.

Les acquéreurs paieront en sus des adjudications *cinq pour cent* applicables aux frais.

Les attributions de M. Galichon ont été conservées.

ORDRE DES VACATIONS

Lundi 10 mai 1875. Estampes........	179 à 323
Mardi 11 mai — —	324 à 466
Mercredi 12 mai — —	467 à 608
Jeudi 13 mai — Dessins.........	1 à 116
Vendredi 14 mai — —	117 à 178
— Lithographies et Eaux-fortes modernes........................	609 à 678

Paris. — Impr. PILLET fils aîné, rue des Grands-Augustins 5

DÉSIGNATION

DESSINS

ANONYME

1 — Dessin indien : Seigneur irrité accordant une grâce à une femme qui l'implore. De nombreux serviteurs assistent à cette scène qui se passe pendant le repas du personnage.

ABBATE (Nicolas Dell', dit Messer Niccolo)

2 — Sur huit feuilles séparées. Huit anges portant les instruments de la passion.

Figures exécutées au pinceau avec du bistre et rehaussées de blanc. Elles se détachent sur un fond lavé de bistre qui a la forme exacte des plaques d'émail faites par Léonard Limousin, pour les deux grands émaux dits de la Sainte-Chapelle, au Louvre. Ces dessins, de dimensions exactes aux émaux, ont été piqués sur leurs contours pour former du poncif. Voir la notice des émaux du Louvre par M. Darcel, p. 148 et 152. Collection Norblin.

Haut., 225 mill.; larg., 135 mill.

BARTOLOMEO (FRA, dit le FRATE)

3 — Sainte Famille. La Vierge, assise, présente l'enfant Jésus
aux caresses du petit saint Jean porté par sainte Elisabeth
agenouillée. A gauche, saint Joseph, à genoux entre deux
anges, adore l'enfant Jésus.

> Beau dessin à la plume, rehaussé de blanc, sur papier rosé.
>
> Larg., 220 mill.; haut., 150 mill.

4 — Etude pour un David. Le héros se tient debout, sa
fronde rejetée sur l'épaule droite.

> A la pierre noire. Collections Richardson père, Cosway, Thomas La-
> wrence et Woodburn.

BELLINI (GENTILE)

5 — Six Turcs, dont un, à gauche, est à cheval et semble se
retourner à l'appel d'un Musulman qui occupe la droite.
Au verso, sept études de moines et, dans le bas, une tête de
Turc.

> A la plume, légèrement lavé. Collections Reynolds, Hudson, W. Es-
> daile, Th. Lawrence, Richardson, Lamberts, Sommers et Van Gottlob.
>
> Larg., 280 mill.; haut., 112 mill.

BELLINI (JACOPO)

6 — Pieta. La Vierge, assise sur un trône, tient le Christ mort
sur ses genoux. A gauche, une sainte femme et un saint
dont on ne voit qu'une partie du corps; à droite, sainte
Madeleine, saint Jean-Baptiste et saint Jean.

> Beau dessin à la plume et à l'encre de Chine, sur papier teinté. Collec-
> tion Lagoy.
>
> Larg., 175 mill.; haut., 140 mill.

BENOUVILLE (A.-J.)

7 — Une tour carrée devant un massif d'arbres qui bordent une colline. Un groupe de maisons derrière un repli de terrain.

A la mine de plomb avec lavis d'encre de Chine ; daté d'octobre 1849.

8 — Couvent d'Assise. A droite, un petit monticule.

A la mine de plomb sur papier bleu.

Larg., 305 mill.; haut., 128 mill.

9 — Couvent d'Assise.

A la mine de plomb sur papier bleu.

Larg., 290 mill.; haut., 138 mill.

BERGHEM (Nicolas)

10 — Le Gué : Un berger, précédé par un chien, passe une rivière sur de grosses pierres jetées çà et là, deux vaches le suivent. L'effet des rayons du soleil couchant est rendu avec un art extrême sur les eaux de la rivière, bordée à gauche par des arbres. Signé.

A la pierre d'Italie avec lavis d'encre de Chine. Collection Cranenburg.

Larg., 250 mill.; haut., 180 mill.

BOTH (Jean)

11 — Le Pont de pierre.

Ce beau dessin, à la plume et à la sépia, a été gravé par le maître.

Larg., 305 mill.; haut., 198 mill.

BOTICELLI (Sandro Filipi, dit)

12 — Etudes d'hommes. Sujet au recto et au verso. Au recto, deux hommes enveloppés de grands manteaux et un autre

d'une cape. Au verso, un jeune homme enveloppé d'une cape, et une autre étude pour la même figure.

Ces précieux et remarquables dessins sont exécutés à la mine d'argent, rehaussés de blanc, sur papier teint en rouge. Collection Richardson.

Larg., 270 mill.; haut., 205 mill.

13 — Tête de jeune homme ; une calotte plate couvre les cheveux qui tombent sur les épaules. Il est vu presque de face, la tête légèrement tournée à droite.

Beau dessin à la mine d'argent, rehaussé de blanc, sur papier verdâtre. Collections Richardson père, Spencer, William Esdaile, Nils Bark et Thibaudeau.

Haut., 180 mill.; larg., 165 mill.

BOUTS (THIERRY, le vieux)

14 — La Pâques : Un homme, un bourdon dans la main gauche, un verre dans la droite, paraît adresser la parole à une femme qui pose un vase sur une table couverte d'une nappe. Etude pour le tableau de la pâques du musée de Berlin.

A l'encre de Chine avec teintes jaunes sur le bonnet de l'homme et la robe de la femme. Collection Ploos Van Amstel.

Haut., 240 mill.; larg., 165 mill.

BUONARROTI (MICHEL-ANGE)

15 — Chute de Phaëton : Jupiter, cédant aux lamentations des fleuves et des rivières, représentés, dans le bas, par deux hommes et deux femmes, lance la foudre sur Phaëton, qui est précipité à la renverse de son char conduit par quatre chevaux qui se culbutent les uns sur les autres.

Mariette, à la fin de la *Vie de Michel-Ange*, par Condivi, parle longuement de ce dessin; M. Charles Clément l'a signalé dans son ouvrage sur
Michel-Ange, Léonard de Vinci et Raphaël; il a été gravé pour la *Gazette des Beaux-Arts.*

A la pierre noire. Collections Moselli, Mariette, Lagoy, Thomas Lawrence et Woodburn.

Haut., 310 mill.; larg., 215 mill.

16 — Esquisse pour le Jugement dernier. Groupe de personnages pour la partie de la peinture, où sont représentés
les méchants arrêtés dans leur marche vers le ciel et tirés
en bas par les démons. Au-dessus, un groupe des premiers
martyrs de l'Eglise chrétienne. Au verso, deux têtes
d'hommes vus de profil.

Ce superbe dessin à la pierre noire a été gravé dans la collection de
Thomas Lawrence et dans l'ouvrage d'Ottley, sur les maîtres italiens.
Collections Licciapari, Cavaceppi, Ottley, Thomas Lawrence et Wood-
burn.

17 — Mise au tombeau. Trois hommes enlèvent de terre le
corps du Christ. A droite, une sainte femme soutient sur
ses genoux la Vierge évanouie. Au verso, la Vendage.

A la pierre noire et à la sanguine. Collections Ottley, Lempereur et
Woodburn.

MICHEL-ANGE et RUBENS

18 — Ganymède : Les bras passés au-dessus des ailes de Jupiter, les jambes entre les serres puissantes de l'oiseau,
Ganymède est transporté dans le ciel.

Une vue excellente peut distinguer encore sous le lavis délicat et les
blancs ajoutés par Rubens, à qui ce dessin a appartenu, le travail à la
pierre noire de Michel-Ange. Tel qu'il est, ce dessin précieux a cessé
d'être l'œuvre de Michel-Ange pour devenir l'œuvre de Rubens. Collections Rubens, Mariette, Th. Lawrence et Woodburn.

Haut., 285 mill.; y compris les marges du haut et du bas ajoutées par
Mariette, larg., 240 mill.

CAMPAGNOLA (Dominique)

19 — Paysage. Un cavalier et divers piétons cheminent et passent devant une auberge désignée par trois enseignes pendues à une perche.

Ce beau dessin à la plume a été gravé dans la *Gazette des Beaux Arts*, t. XVII, p. 551.

Larg., 270 mill.; haut., 205 mill.

CAMPAGNOLA (J. et D.)

20 — Saint Jean-Baptiste est debout, vu de face, la coupe baptismale dans la main droite; sa gauche relève le manteau qui le couvre, de manière à laisser voir sa jambe gauche.

Ce magnifique dessin a été gravé par Giulio Campagnola; il a été décrit et reproduit dans la *Gazette des Beaux-Arts*, t. XIII, p. 338 et 339. Collections Thomas Lawrence et Woodburn.

Haut., 315 mill.; larg., 220 mill.

CANO (Alonzo)

21 — Sainte Famille au repos : La Vierge, assise au pied d'un arbre, contemple l'enfant Jésus endormi sur ses genoux; saint Joseph, agenouillé, l'adore.

Dessin à la plume, lavé de sépia. Collection Boilly.

Larg., 245 mill.; haut., 180 mill.

CARRACHE (A.)

22 — Paysage : Dans le fond, à travers de grands arbres, on aperçoit une ville défendue par un mur crénelé, que baigne un lac.

A la plume.

Larg., 385 mill.; haut., 260 mill.

BENVENUTO CELLINI (Atribué à)

23 — Ornement. On remarque dans la composition un homme qui se retourne pour saisir par la chevelure un géant énorme, qui mort à belles dents son corps terminé en queue de poisson.

A la plume, lavé d'encre de Chine. Collections de la reine de Suède, Th. Lawrence et Zoomer.

Haut., 310 mill.; larg., 150 mill.

CIMABUË (Jean)

24 — Trois études pour un martyr. Le saint, attaché les bras derrière le dos à un poteau, est entouré d'une multitude qui l'accuse et demande sa mort; au verso, un guerrier tue des femmes qui se prosternent et demande grâce; deux guerriers reçoivent des ordres d'un magistrat qui les a accompagnés jusqu'à la porte d'une ville; on remarque encore divers autres groupes ou figures isolées.

Vasari a donné à ces dessins une monture dans le goût gothique et placé en haut le portrait de Cimabuë, de son *Histoire des peintres*, après l'avoir lavé de bistre pour rappeler le ton de l'encadrement. Ottley a fait reproduire le recto de cette feuille dans son *ouvrage sur les dessins italiens*.

Dessin à la plume avec encadrement lavé de bistre. Collections Vasari, Woodburn, Th. Lawrence et Ottley.

Haut., 530 mill.; larg., 350 mill.

CLOUET (École de)

25 — Jeune homme vu presque de face, une toque avec médaille et plume sur la tête. Son costume est parsemé de boutons.

Beau dessin aux trois crayons.

Haut., 290 mill.; larg., 175 mill.

CLOUET (ÉCOLE DE)

26 — Maréchal Dutran ; il paraît avoir quarante et quelques
années ; une toque avec perles sur le cordonnet et la visière
est posée sur sa tête. Une pelisse, garnie de fourrures, re-
couvre son justaucorps.

Beau dessin aux trois crayons.

Haut., 195 mill.; larg., 180 mill.

COCHIN (C.-N., le fils)

27 — Jeune homme attaqué dans une rue par une bande de
jeunes gens et défendu par des femmes. Dans la marge
on lit : C.-N. Cochin Filius Delin. 1772.

Que faites-vous ? Il n'est pas Italien, c'est un Florentin.

A la sanguine.

Larg., 170 mill.; haut., 120 mill.

CREDI (LORENZO DI)

28 — Tête de vieillard de grandeur naturelle ; les cheveux
sont ras. Dans le bas de la gauche, le buste d'un jeune
homme ayant une calotte plate posée sur ses cheveux qui
couvrent les épaules.

A la mine d'argent, rehaussé de blanc, sur papier verdâtre.

Haut., 300 mill.; larg., 210 mill.

CUYP (ALBERT)

29 — Moulins bâtis sur une rivière.

A la plume, à l'encre de Chine et au bistre.

DECAMPS (A.-J.)

30 — Turc assis à terre, une longue pipe dans la main droite.
Au bas de la droite, les initiales D. C.

A la mine de plomb.

Haut., 140 mill.; larg., 120 mill.

DELACROIX (Eugène)

31 — Desdemone étendue au bas d'un escalier; dans le fond,
à droite, arrivent deux personnages.

A la mine de plomb.

Haut., 170 mill.; larg.; 225 mill.

32 — La Guerre; groupe d'enfants, de vieillards qui fuient;
un homme porte sur son dos sa femme blessée; dans le
fond, à droite, un cavalier soutient un blessé sur son cheval; sur le premier plan à gauche, une femme se roule à
terre frappée par une flèche.

A la mine de plomb sur papier calque.

Larg., 290 mill.; haut., 240 mill.

DEMARNE (J.-L.)

33 — Près d'un tronc d'arbre arraché, une jeune bergère
caressant son chien; dans la prairie paissent plusieurs
vaches; au fond, à droite, la ferme vers laquelle se dirige
une voiture chargée de foin.

Beau dessin signé dans la marge, à gauche.

Larg., 420 mill.; haut., 280 mill.

DONATELLO (A.)

34 — Le Christ mort est soutenu par deux de ses disciples ;
à gauche et à droite, les saintes femmes font éclater leur
douleur.

A la plume. Ottley, qui a possédé ce croquis et l'a gravé dans son
ouvrage sur les maîtres italiens, en parle assez longuement.

Larg., 395 mill.; haut., 280 mill.

DUGHET (Gaspard, dit le Guaspre)

35 — Paysage avec une grande montagne dans le fond, bai-
gnée par une rivière sur laquelle navigue une barque.

A la plume et à la sépia. Collection Crozat et Th. Lawrence.

DUJARDIN (Karel)

36 — La Bergère qui file. Sur le premier plan, trois mou-
tons couchés près d'une chèvre qui broute. Dans le fond,
une bergère file, le visage tourné du côté d'une cabane.

Au bas de la gauche, K. D. F., à l'encre de Chine. Ce dessin a été dé-
calqué pour la gravure par Vischer.

Haut., 195 mill.; larg., 153 mill.

DUMOUSTIER (École des)

37 — Femme vue presque de face, la tête légèrement tournée à gauche. Ses cheveux sont relevés ; une perle pend
à son oreille gauche ; une fraise plissée encadre son visage ; un collier de perles, retenu sur le devant par un
brillant, retombe en double rang sur la poitrine et s'ar-
rête à un nœud en rubans.

Haut., 310 mill.; larg., 220 mill.

DUMOUSTIER (École de)

38 — Femme vue presque de face ; ses cheveux relevés sont couverts d'un voile ; une perle pend à son oreille droite ; un collier de perles entoure son cou ; une guimpe ornée d'une guipure cache le bas de la gauche.

39 — Tête de femme vue presque de face, le corps légèrement tourné à gauche ; ses cheveux sont relevés sur la tête ; une collerette à peine indiquée encadre son visage ; une chemisette dentelée voile le bas de sa poitrine décolletée.

Ces trois dessins sont aux trois crayons.

DURER (Albert)

40 — Sainte Famille au repos. La Vierge est assise au milieu d'un paysage, sur un banc de gazon maintenu par des planches. Elle offre un œillet à l'Enfant Jésus assis sur ses genoux. A droite, saint Joseph dort appuyé contre le banc.

Beau dessin à la plume provenant de la collection W. Esdaile. Sur le banc on a ajouté très-postérieurement le monogramme de Martin Schongauer.

Haut., 290 mill.; larg., 215 mill.

41 — Deux têtes : l'une, à gauche, est celle d'un homme chauve et barbu ; l'autre est celle d'un fou qui ricane.

Peinture à l'eau sur une toile préparée en bleu.

42 — Paysage : Château-fort accessible seulement par un pont ; on remarque, à droite, un homme qui conduit une gondole.

Beau dessin à la plume.

Larg., 175 mill.; haut., 117 mill.

DURER (École de)

43 — Etude pour une Adoration des bergers. Au verso : portrait d'une jeune femme et un croquis du portrait d'Albert de Mayence, gravé par A. Durer.

A la plume.

DUSART (Corneille)

44 — Famille villageoise : L'homme dort sur une chaise, les pieds au feu, et la pipe dans la main. La femme tient sur ses genoux son enfant endormi,

Aquarelle exécutée sur vélin, signée Corneille Dusart, 1691. Collection Ploos Van Amastel.

Haut., 395 mill.; larg., 340 mill.

DYCK (Antoine van)

45 — Décollation de saint Jean-Baptiste. Hérodiade, accompagnée d'une matrone, porte dans un plat la tête de saint Jean, que le bourreau vient de lui remettre, en lui montrant le cadavre qui gît à terre.

Croquis à la plume.

Haut., 205 mill.; larg., 150 mill.

46 — Couronnement d'épines.

Ce beau dessin est la première pensée de la magnifique composition si connue par la gravure de Bolswert. A la plume et à la sépia avec quelques touches à la pierre d'Italie. Collections Th. Lawrence, Richard Hudson.

Haut., 223 mill.; larg., 195 mill.

47 — Le Triomphe de la Paix sur la Guerre : Minerve chasse du séjour de la Paix l'Envie, la Haine et l'Hydre de la

discorde. La Paix est assise sur un trône appuyé sur une corne d'abondance.

A la pierre d'Italie, avec reprises à la plume, au crayon rouge, à la sépia et rehaussé de blanc.

Larg., 345 mill.; haut., 245 mill.

48 — **Adrien Stalbent.** Il est debout, vu presque de face, la tête légèrement tournée vers la gauche. D'une main, il retient son manteau jeté sur l'épaule droite; une collerette entoure son cou.

Ce magnifique dessin au crayon noir a été gravé par Paul Pontius.

Haut., 290 mill.; larg., 215 mill.

EYCK (Jean van)

49 — Philippe le Bon : Le duc est représenté de face avec le manteau de la Toison-d'Or, ouvert sur l'épaule droite. Il porte sur la tête un espèce de turban avec une double dentelle, qui, de chaque côté, tombe sur les épaules. Une ombre formant auréole couvre le fond.

Très-beau dessin au pinceau du miniaturiste. Il a été gravé dans la *Gazette des Beaux-Arts*, t. XXII, p. 84.

Haut., 210 mill.; larg., 145 mill.

FRANCO (Battista)

50. — La Dispute de Minerve et d'Arachnée : Minerve déploie devant les deux juges sa tapisserie. L'attitude des juges montre que leur goût donnera la préférence à l'ouvrage parfait que sa rivale s'empresse de déployer. Trois autres figures de servantes complètent cette composition remarquable. Des ornements encadrent le sujet.

A la plume avec lavis de sépia, gravé par Denon. Collections Jabach, dont la monture a été conservée et Denon.

Larg., 430 mill.; haut., 160 mill.

GELLÉE (CLAUDE, dit le LORRAIN)

51 — Divers personnages se promènent ou se reposent sous de grands arbres qui limitent une clairière. Sur le premier plan, un jeune homme, assis, offre à sa maîtresse une fleur.

> A la plume, à l'encre de Chine et à la sépia.
>
> Haut., 385 mill.; larg., 25 mill.

52 — Coucher du soleil sur la mer ; bouquet de pins d'Italie sur la gauche, à l'ombre duquel une femme est assise. A droite, une barque, conduite par deux hommes, s'éloigne de la côte.

> Au bistre et à la plume.
>
> Larg., 390 mill.; haut., 255 mill.

53 — Le ponte Molle s'aperçoit entre un superbe bouquet d'arbres, à gauche, et un second groupe, à droite, qui forme coulisse et vers lequel un homme et une femme marchent précipitamment.

> A la plume, vigoureusement lavé de sépia.
>
> Larg., 310 mill.; haut., 200 mill.

54 — Paysage; sur le devant, à droite, une touffe d'arbres et une chèvre qui broute.

> Beau dessin à la plume et au bistre. Collections Th. Lawrence et Esdaile

GENOELS (A.)

55 — Paysage au milieu duquel se promènent un satyre et sa femme que suit un petit satyre à pieds de chèvres.

> Larg., 165 mill., haut., 115 mill.

GÉRICAULT (J.-L.-A.-T.)

56 — Cavalier persan ; il tient à la main une lance et un carquois pendu à la selle de son cheval.

>Aquarelle faite d'après une miniature persane.
>
>Haut., 295 mill.; larg., 238 mill.

57 — Deux feuilles de croquis ; sur la première, deux croquis pour un Hercule terrassant le lion de Némée ; sur la deuxième, Hercule déchirant la gueule d'un ours renversé sur le dos ; études pour un lion et pour une lionne.

>A la mine de plomb et à la plume.
>
>Larg., 235 mill.; haut., 170 mill.

GIOTTO (Bondone, dit)

58 — Le Jugement de Joseph. Devant une femme assise, la femme de Putiphar vient porter plainte. A gauche, dans une seconde cour, on remarque un autre épisode du même sujet, etc. Au verso, études pour le même sujet : le siége du juge est occupé par Pharaon, Joseph se défend et la femme de Putiphar, la tête couronnée, écoute. Autres croquis ayant tous rapport au même sujet.

>Ce précieux dessin à la plume sur vélin provient de la collection Lagoy.
>
>Haut , 230 mill.; larg., 170 mill.

GOLTZIUS (Henri)

59 — Son portrait à l'âge de 45 ans ; il est représenté presque de face, la tête légèrement tournée à droite. Un col rabattu couvre le haut de son justaucorps boutonné sur le devant.

>A la pierre d'Italie et aux crayons de couleurs. Signé et daté de 1603.
>
>Haut., 420 mill.; larg., 315 mill.

GREUZE (J.-B.)

60 — La Main chaude : Dans une grange, tous les habitants
d'un village se sont réunis. Une commère, assise, tient sur
ses genoux la tête du patient qui reçoit sur la main de
formidables tapes par un groupe nombreux de jeunes
gens, etc.

Dessin capital à la plume avec lavis d'encre de Chine.

Larg., 445 mill.; haut., 280 mill.

GUARDI (F.)

61 — La Piazetta, vue de l'entrée de la Merceria.

A la plume avec un léger lavis de sépia.

Haut., 172 mill.; larg., 135 mill.

GUERCHIN (G.-F. BARBIERI, dit le)

62 — Vénus et Adonis.

A la plume avec lavis de bistre. Collection Nils-Bark.

HOLBEIN (J.)

63 — Projet pour une fontaine : Apollon, nu, tend son arc ;
un carquois pend à son épaule. Au pied du piédestal, sur
lequel on lit 1531 : deux enfants ouvrent à deux dauphins
la bouche par laquelle l'eau sort.

A la plume avec un léger lavis d'aquarelle. Collection Andreassy.

Haut., 305 mill.; larg., 170 mill.

JACQUES (CHARLES)

64 — Vue prise au bord de la mer ; Etretat, 25 septembre
1854.

A la plume et au bistre lavé d'aquarelle.

JORDAENS (JACQUES)

65 — Descente de croix.

Beau dessin au bistre rehaussé de blanc.

Larg., 205 mill.; haut., 215 mill.

JOYANT (J.-R.)

66 — Le palais Corner sur le grand canal; à gauche, quelques barques, dont une a sa voile déployée.

A la mine de plomb, avec lavis de bistre.

Larg., 385 mill.; haut., 280 mill.

67 — Isola di Murano : Une barque sur le premier plan. A droite, on lit : Isola di Murano.

Sur papier jaune à la mine de plomb.

Larg., 365 mill.; haut., 153 mill.

LAUNE (ÉTIENNE DE)

68 — Le Triomphe de la Foi : Dans les niches qui ornent les côtés sont les statues de David et de Salomon.

A la plume avec lavis d'encre de Chine, sur vélin. Ce dessin et le suivant font partie d'une suite dont il se trouve plusieurs feuilles dans la collection de M. Destailleur.

Laag., 285 mill.; haut., 195 mill.

69 — L'Astronomie : Des savants, devant une table chargée de livres de calcul et d'un globe céleste, discutent et essayent divers instruments. A gauche et à droite, une figure dans une niche. Au milieu du haut, dans un cartouche ovale, l'Astronomie personnifiée consulte un globe.

A la plume, avec lavis d'encre de Chine, sur vélin.

Larg., 295 mill.; haut., 205 mill.

LAUNE (Étienne de).

70 — Vase sur lequel sont tracés les divers épisode de la nature des abeilles. — Vase sur lequel sont représentées diverses allégories se rapportant aux abeilles. Les pieds de ces deux vases représentent une ruche.

Deux dessins à la plume avec lavis d'encre de Chine, sur vélin.
Haut., 285 mill.; larg., 175 mill.

LEHMANN (H.)

71 — Le juge méditant la loi. — Le juge repoussant les séductions d'une courtisane. — La loi rétablissant la concorde. — La loi frappant le crime.

Ces quatre décalques reproduisent des œuvres du plafond de la Cour d'assises dans le Palais-de-Justice de Paris. Les peintures ont été détruites lors de l'incendie de 1871.

LIPPI (Fra Fillippo)

72 — Etude pour un saint Michel-Archange. L'Archange est un jeune homme vêtu d'un justaucorps qui pose devant le peintre. Il tient des deux mains un bâton. Au verso : Etude d'homme nu assis s'appuyant sur un bâton qu'il tient de la main gauche.

Beau dessin à la mine d'argent, rehaussé de blanc, sur papier violacé. Collections Mariette et de Fries. Ce dessin a été gravé dans la *Gazette des Beaux-Arts*, t. XX, p. 158, et dans la *Grammaire des arts du dessin*, p. 578.

73 — Un ange agenouillé, la tête couronnée de roses. Au verso : Homme vu de dos, tenant dans sa main droite un bâton.

Ces précieuses études, exécutées au pinceau avec rehauts blancs, ont fait partie de la collection Vasari, qui leur a fait un encadrement d plus grand goût. Dans son *Histoire des Peintres*, Vasari dit, en effet, qu'il possédait plusieurs dessins superbes de Lippi. Collections Vasar Richardson et John Barnard.

Haut., 550 mill.; larg., 380 mill.

MAITRE ANONYME ITALIEN, xve siècle.

74 — Un jeune pasteur, conduisant deux chèvres, cause avec
un vieillard assis sur un tronc d'arbre.

Beau dessin à la plume avec lavis de bistre. Collection Nils-Bark.

Haut., 335 mill.; larg., 240 mill.

ANONYME ITALIEN, xve siècle.

75 — Deux montants d'ornements. Dans les deux cartouches
on remarque une lettre A et une boule qui pourraient
avoir rapport au nom de l'artiste.

A la plume avec lavis de sépia.

Haut., 800 mill.; larg., 137 mill.

ANONYME FLORENTIN, xve siècle.

76 — Femme couverte d'un riche manteau avec fleurs bro-
dées en vert et longues franges rouges et vertes. — Deux
études de jeunes gens également revêtus du long manteau
brodé. Au verso : trois études pour un évêque avec divers croquis de cigognes.

A la plume. Collection Lagoy, William, Esdaile et Woodburn.

Haut., 265 mill.; larg. 180 mill.

ANONYME VÉNITIEN, du xve siècle.

77 — Tête vue de profil et regardant à droite avec bonnet
fourré. A gauche, une étude de draperie. Au verso : tête
vue de face avec les yeux baissés.

Précieux dessin exécuté à la mine d'argent sur papier jaune. Collection P. Delaroche.

Larg., 205 mill.; haut., 140 mill.

MAITRE ANONYME de l'École italienne
du XVIᵉ siècle.

78 — Pieta. Le Christ, étendu sur un drap, la tête posée sur
un coussin, est adoré par la Vierge et deux saints. Dans
le fond, à gauche, le Calvaire ; à droite, un ange agenouillé.

Beau dessin à la plume. Collection Desperet.

Haut., 235 mill.; larg., 205 mill.

ANONYME ITALIEN, du XVIᵉ siècle.

79 — Les douze apôtres répartis par groupes de six dans
deux compositions d'architecture, séparés par un pilastre.
Dans le groupe de gauche, la figure de saint Pierre se
détache au premier plan ; dans le second, c'est celle de
saint Paul. Dans le haut, les anges portent sur les nues
les saints Evangiles.

A la plume avec lavis de sépia.

Haut., 260 mill.; larg., 190 mill.

ANONYME ITALIEN, du XVIᵉ siècle.

80 — Combat des Horaces et des Curiaces. L'attaque des
deux derniers champions est représentée dans un cadre
maintenu par des cariatides : à droite, un homme ; à
gauche, une femme, et dans le bas par des enfants accroupis.

A la plume avec lavis de sépia. Collections Arundel, Rogers, John
Talmon et Mouriau.

Larg., 260 mill.; haut., 105 mill.

ÉCOLE ITALIENNE, du XVI° siècle.

81 — Vase avec anse tenue par des mascarons, dans le goût
de Jules Romain. Au centre, dans un cartouche, un jeune
homme, porté par un dauphin, tient sur son épaule gauche un vase.

A la plume, lavé d'encre de Chine.

ANONYME FLAMAND, du XV° siècle.

82 — Vierge tenant sur ses genoux l'Enfant Jésus. Croquis
pour une femme. Au verso, deux études pour un évêque,
et divers personnages esquissés.

A la mine d'argent.

Haut., 125 mill.; larg., 95 mill.

ANONYME ALLEMAND, du XVI° siècle.

83 — Tête de femme regardant à gauche. Elle porte une coiffe
élevée avec des ailes fixées de chaque côté, par un riche
bijou.

Dessin tracé à la gouache sur un papier brun. Collection Th. Lawrence.

Haut., 180 mill.; larg., 140 mill.

ANONYME ALLEMAND de l'École de Durer.

84 — Des oiseaux, des monstres chimériques se jouent au
milieu d'une ornementation architecturale. Au milieu du
bas, un homme et une femme, étendus à terre de chaque
côté d'un médaillon contenant une tête de bélier.

Dessiné en blanc avec beaucoup de délicatesse sur un fond noir.

ÉCOLE FRANÇAISE, du xvie siècle.

85 — Vase d'église avec goupillon ; sur la panse, le roi David ;
au point d'attache de l'anse une tête d'ange.

A la plume, lavé d'encre de Chine. Ce dessin est de la même main
que l'Aiguière décrite sous le n° suivant.

Haut., 340 mill.; larg., 215 mill.

86 — Aiguière avec tête et col de chimère pour bec. L'anse
est ornée aux extrémités par une tête de chien.

A la plume, lavé d'encre de Chine.

Haut., 410 mill.; larg, 255 mill.

MANTEGNA (Andrea)

87 — Triomphe de César. Des hommes couverts de toges et
la tête laurée marchent en avant du cortége. Derrière
eux, de jeunes guerriers portent des étendards sur lesquels on lit : *Galia*. A la suite s'avancent deux héros mon-
tés sur des chevaux et qui sont entourés par des soldats
soutenant des tableaux sur lesquels sont représentés les
hauts faits du triomphateur.

Superbe dessin à la plume et au bistre. Collections Vander-Faes et
Thomas Lawrence.

Haut. 275 mill.; larg., 275 mill.

88 — Deux chevaux marins conduits par deux tritons. Sur la
même feuille, à gauche, une étude pour le triton de droite.
Dans le bas, deux autres petites études pour la même
figure.

Dessin à la plume qu'Ottley a fait graver pour son ouvrage sur les
maîtres italiens, p. 15. Collections Ottley, Th. Lawrence et Nils-Bark.

Larg., 255 mill.; haut., 175 mill.

MASACCIO (Attribué à)

89 — Jeune homme debout tenant de la main droite un long bâton et, de la gauche, un livre dans lequel il lit; au verso, jeune homme assis occupé à écrire.

Beau dessin à la plume et à l'encre de Chine. Collection Richardson.
Haut., 180 mill.; larg., 90 mill.

MEULEN (Vander)

90 — Camp français, quartier de cavalerie établi entre des arbres.

Beau dessin à la plume, avec des teintes d'aquarelle. Collection Nils-Bark.

MODENA (Nicoletto da)

91 — Quatre montants d'ornements. Dans un cartouche, au bas de la gauche, la marque d'un amateur; dans le bas de la bande droite, le chiffre 30.

Haut., 220 mill..; larg., 180 mill.

92 — Cinq montants d'ornements. Dans celui du milieu on remarque une cage. A droite, se trouve la marque d'un amateur et, dans le bas, le n° 31.

Ce dessin a été gravé dans la *Gazette des Beaux-Arts*, t. II, 2ᵉ série, p. 149.
Haut., 225 mill.; larg., 170 mill.

93 — Trois frises. Dans un cartouche du bas est un saint Sébastien et, dans le haut, un Christ de douleurs.

Haut., 220 mill.; larg., 175 mill.

94 — Six frises. En haut, dans un cartouche, une tête de Méduse, en bas, un centaure.

Ce dessin a été gravé dans la *Gazette des Beaux-Arts*, t. II, 2ᵉ série, p. 151.
Haut., 220 mill.; larg., 180 mill.

MONTAGNA (B.)

95 — La Charité. Une femme assise donne le sein à un enfant nu. Dans le bas, à droite, est une étude incomplète
pour un enfant. Sur une autre feuille est une seconde
étude pour le même enfant assis. Au-dessus, une troisième
étude pour le haut du corps du même enfant, puis une
étude d'enfant assis sur un petit vase de verre.

Superbe dessin à la plume et au bistre.

Haut. 192 mill.; larg. 142 mill.

MOLYN (P. DE)

96 — Bord de la mer. Sur un rivage, défendu par des plantes
contre une mer houleuse, une barque cherche à aborder.
Au haut de la droite : P. Molyn, 1654.

A la pierre d'Italie, avec lavis d'encre de Chine. Collections W. Esdaile et Nils-Bark.

Larg., 190 mill.; haut., 145 mill.

MOREL FATIO

97 — Pêcheurs de Calais.

A la plume et à l'encre de Chine, rehaussé de blanc. Signé.

MURILLO (B.-E.)

98 — Brigand détachant à un moine sa ceinture. Dans le fond,
quelques traits indiquent une tour.

A la plume, avec quelques traits de crayon rouge. Signé au haut de
la gouache. Ce dessin est la première pensée pour un tableau de Murillo,
qui faisait partie de la galerie Soult, et qui se trouve actuellement à
l'Ermitage. Il a été gravé par Boilly.

Larg., 225 mill.; haut., 210 mill.

LELIUS DE NOVELLARA

99 — Fragments de frises sur trois feuilles séparées. Sur la première feuille on remarque une satyresse renversée sur le dos donnant le sein à un enfant.

Larg., 550 mill.; haut., 150 mill.

La deuxième feuille offre un cartouche flanqué de figures ailées terminées en queue de poisson.

Larg., 180 mill.; haut., 155 mill.

La troisième représente un monstre moitié homme, moitié poisson, monté sur un cheval fantastique.

Larg., 300 mill.; haut., 155 mill.

A la plume, avec lavis de sépia. Collection Thomas Lawrence et Spencer.

100 — Motif d'ornementation.

Beau dessin à la plume, avec lavis de bistre. Collections Crozat et Mariette.

Larg., 400 mill.; haut., 225 mill.

NUMAN (H.)

101 — Le Départ pour la chasse. Un homme et une femme à cheval sortent d'un parc. Un serviteur les suit et conduit deux chiens. Devant court un levrier.

A la plume lavé de bistre et d'encre de Chine. Signé. Collection Vanden Zande.

Larg., 225 mill.; haut., 180 mill.

OSTADE (Adrien van)

102 — Paysan en goguette.

Aquarelle sur papier préparé. Collections Dinasdale et Thibaudeau.

Haut., 60 mill.; larg., 30 mill.

PALMA (JACQUES, le jeune)

103 — Adoration des mages : L'enfant Jésus, assis sur les genoux de sa mère, bénit un roi mage prosterné devant lui, et qui lui offre des présents. A droite et à gauche, se tiennent debout les deux autres mages avec leur suite. A gauche, saint Joseph accoudé sur le mur d'un palais.

Composition ovale qui paraît avoir été faite pour occuper une disposition architecturale. Collection Vanden Zande.

Haut., 200 mill.; larg., 155 mill.

PARMESAN (FRANCESCO MAZZUOLI, dit le)

104 — Le Christ guérissant les malades. Au verso, diverses études pour la composition du recto.

A la plume, vigoureusement lavé de bistre; ce dessin a été gravé dans l'ouvrage de Denon. Collections Denon et Nils Bark.

105 — Vierge assise sur les nues. De ses deux mains elle presse l'enfant Jésus sur son sein.

A la sanguine. Collections Th. Lawrence, Nils Bark et Thibaudeau.

Haut., 205 mill.; larg., 135 mill.

106 — Saint Paul, un pied posé sur une estrade; il écrit ses épîtres sur un parchemin déroulé et posé sur son genou. Dans sa main gauche, il tient une épée.

Sur parchemin, à l'encre de Chine, avec quelques touches de blanc Collections Th. Lawrence et Thibaudeau.

107 — Trois études pour un saint Paul. Au verso, des griffonages de lettres.

A la plume. Collections de Fries, Th. Lawrence, Mariette, Nils Bark et Thibaudeau.

Haut., 133 mill.; larg., 95 mill.

PARMESAN (Francesco Mazzuoli, dit le)

108 — Trois études pour un patriarche déroulant un parchemin et expliquant à un moine un passage des Saintes Écritures.

A la plume. Au verso une tête de patriarche au crayon rouge. Collections Th. Lawrence, Denon, Nils Bark et Thibaudeau.

Larg., 185 mill.; haut., 140 mill.

109 — Achille à la cour de Lycomède. Caché par sa mère sous le costume d'une femme pour éviter d'aller à la guerre de Troie, Achille se trahit par l'ardeur que le génie de la guerre souffle en lui à la vue d'armes mêlées à des parures qu'Ulysse, déguisé en marchand, était venu offrir aux femmes de la cour de Lycomède. Au verso : Étude de femme nue.

A la mine d'argent. Ce dessin a été gravé sur bois au XVIe siècle.

110 — Diane partant pour la chasse. Dans sa main droite levée elle tient un épieu et, dans sa main gauche, les laisses de ses levriers.

A la mine d'argent sur papier recouvert d'une préparation crayeuse et jaune, gravé au XVIe siècle sur bois et dans la *Gazette des Beaux-Arts*, t. IV, 2e série. Pendant du n° précédent.

111 — Ganymède s'avance vers la droite, tenant dans sa main droite un bassin et, dans sa gauche, une aiguière. Une draperie flotte autour de son corps.

A la plume avec lavis de bistre.

Haut., 235 mill.; larg., 135 mill.

112 — Femme assise près d'un vieillard. Elle est vue de profil, tournée vers la gauche avec la main droite levée.

A la plume. Collections Ottley, Lawrence, Barnard, Richardson, Nils Bark et Thibaudeau. Gravé dans la *Gazette des Beaux-Arts*, en 1871.

Haut., 90 mill.; larg., 65 mill.

PARMESAN (Francesco Mazzuoli dit le)

113 — Femme assise, vêtue d'une robe très-large, et tenant
à la main une statuette ailée.

A la plume. Collections Nils-Bark et Boilly. Ce dessin a été gravé
dans la *Gazette des Beaux-Arts*, t. IV de la 2e série.

Haut., 220 mill.; larg., 168 mill.

114 — Ferme rustique : près d'une ferme, une femme trait
deux vaches pendant qu'une autre fait du beurre.

A la plume. Lavé d'encre de Chine. Collections Spencer et Thibaudeau. Ce dessin a été gravé dans la *Gazette des Beaux-Arts*, t. IV,
2e série.

Larg., 125 mill.; haut., 100 mill.

PERUGIN (Pietro Vanucci, dit le)

115 — La sainte Vierge soutenant sur ses genoux l'enfant
Jésus. A droite une sainte porte une palme.

Beau dessin exécuté au pinceau dans un ton bleuâtre, rehaussé de
blanc.

Haut., 230 mill.; larg., 130 mill.

116 — Quatre enfants : L'un porte un vase sur son épaule ;
un autre, assis sur une coupe, tient une écuelle qu'un de
ses camarades remplit d'eau ; le quatrième joue de la
flûte.

Ce dessin exécuté en couleurs bistre et rose, sur papier préparé, fait
suite à un autre dessin qui se trouve actuellement dans la collection de
Mgr le duc d'Aumale.

Larg., 370 mill.; haut, 235 mill.

PIOMBO (Sebastien del)

117 — L'enfant Jésus, assis sur les genoux de la Vierge, se
tient au bras gauche de la Vierge pour se retourner et

embrasser le petit saint Jean agenouillé sur un berceau. Sainte Elisabeth, les bras croisés sur la poitrine, considère cette scène enfantine.

A la plume. Lavé de bistre.

Larg., 410 mill.; haut., 295 mill.

POUSSIN (NICOLAS)

118 — Bacchus, à la vue d'Arianne couchée, est descendu à terre et s'avance pour la consoler. Des faunes, des satyres, des bacchantes forment son cortége.

Beau dessin exécuté au crayon rouge avec lavis de bistre; il a été gravé dans la *Gazette des Beaux-Arts*, t. XXIV, p. 278.

Larg., 215 mill.; haut., 160 mill.

PRUD'HON (P.-P.)

119 — Croquis pour le portrait de Mme Récamier.

Au crayon noir sur papier-gris.

REMBRANDT (PAUL. VAN RHYN)

120 — Tobie prenant congé de son père.

Beau dessin à la plume avec lavis de bistre.

Larg., 205 mill.; haut., 180 mill.

121 — Jésus-Christ guérissant la belle-mère de saint Pierre. La malade est étendue sur un lit au pied duquel est agenouillée sa mère. Jésus-Christ, entouré de ses apôtres, lui adresse la parole en élevant la main droite. Au verso, une tête de femme malade.

A la plume. (Collection Vanden Zande.)

Larg., 195 millim.; haut., 200 millim.

REMBRANDT (Paul van Rhyn)

122 — Jésus-Christ au Jardin des oliviers ; le Christ, après avoir prié, adresse la parole à saint Pierre, qui est encore couché à terre.

A la plume avec lavis de bistre. Collection Th. Lawrence, W. Esdaile et Desperet.

123 — Judas restituant aux prêtres le prix de sa trahison. Il est agenouillé et fouille dans son escarcelle. Trois prêtres l'entourent et refusent de reprendre l'argent.

Superbe dessin à la plume avec lavis d'encre de Chine et des teintes de crayon rouge. Il a été gravé dans la *Gazette des Beaux-Arts*, t. XVI, p. 78.

Larg., 240 millim.; haut., 160 millim.

124 — Corneille-Nicolas Ansloo. Le célèbre anabaptiste est vu de face, en pied, assis dans un fauteuil à côté d'une table sur laquelle est un grand livre ouvert, sa tête est couverte d'un chapeau rond à larges bords ; de sa main droite il s'appuie sur le bras de son fauteuil, tandis que le geste de la main gauche indique qu'il parle.

Ce superbe dessin à la plume, lavé de bistre, avec quelques retouches à la gouache et au crayon rouge a fait partie des collections Th. Lawrence et W. Esdaile. Il a été gravé dans la *Gazette des Beaux-Arts*, t. XX, p. 234.

125 — Jeune fille regardant de face avec les bras appuyés sur le battant inférieur d'une porte, sa tête est couverte d'un large chapeau, son corps est revêtu d'une robe rouge laissant voir une chemisette blanche, une écharpe tombe du cou sur le bras gauche

Dessin superbe exécuté à la plume et à la sépia avec crayon rouge sur le visage et le corsage. Collections Ploos van Amstel, W. Esdaile, Versteeg et Crauenburg. Gravé en couleur dans la collection Ploos van Amstel.

Haut., 240 mill.; larg., 185 mill.

REMBRANDT (Paul van Rhyn)

126 — Jeune femme assise dans son fauteuil, le coude du bras
gauche appuyé sur une table. Elle porte une toque sur la
tête et un collier de perles tombe sur son front.

Au crayon rouge avec le fond lavé de sépia et crayonné de noir.
Haut., 145 mill.; larg., 145 mill.

127 — Vieille femme vue presque de face, assise dans un
fauteuil, les mains jointes.

A la sanguine.
Haut., 240 mill.; larg., 160 mill.

128 — Femme vue à mi-corps; elle est debout et regarde à
gauche; un chapeau plat à larges bords couvre sa tête.

A la plume. Collection Audreossy. Etude pour le portrait du musée
de Bruxelles.
Haut., 115 mill.; larg., 90 mill.

129 — Femme en pied, vue de profil et tournée vers la
gauche. Un voile couvre sa tête et retombe sur le dos.

Croquis à la plume. Collection Andreossy.
Haut., 140 mill.; larg., 115 mill.

130 — Une femme à cheval; sur le devant, une femme assise
vue de dos, et auprès d'elle un homme tenant un vase à la
main.

A la plume, lavé de bistre. Collections Six et Vandenzande.
Haut. 260 mill.; larg., 203 mill.

131 — Paysans près d'un champ de blé. Dans le fond, vers la
gauche, un moulin à vent.

A la plume. Collection Gouan.
Larg., 250 mill.; haut., 175 mil.

132 — Quatre croquis sur quatre feuilles séparées.

A la plume.

3

ROGMAN (ROLAND)

133 — Une voiture à deux roues est arrêtée devant une auberge ombragée par de gros arbres.

>Dessin à la plume lavé d'encre de Chine. Collection Robert Dumesnil.

ROMAIN (JULES PIPPI, dit JULES)

134 — Figure de prophète. Il est debout, un livre posé sur ses bras croisés.

>A la plume, avec lavis de sépia.
>
>Haut., 255 mill.; larg., 90 mill.

135 — Vase avec figure de triton formant anse.

>A la plume, avec lavis de bistre. Collection Spencer.
>
>Larg., 210 mill.; haut., 135 mill.

136 — Ornement pour plafond : Bacchus entouré d'enfants groupés dans une vigne chargée de raisins.

>A la plume et au bistre.

ROSSELLI (COSIMO, attribué à)

137 — Trois dessins pour un couronnement de la Vierge : 1° Dieu le Fils tient dans sa main gauche un sceptre, de sa main droite, la couronne ; 2° la Vierge, les yeux baissés, croise les deux mains sur sa poitrine ; 3° deux anges célèbrent le couronnement de la Vierge, l'un en jouant du tambourin, l'autre du luth.

>Ces trois dessins sont exécutés au pinceau et au bistre, rehaussés de blanc sur papier teinté de bleu. Collections Thomas Lawrence et Woodburn.
>
>Haut., 215 et 225 mill.; larg., 210 et 222 mill.

ROSSO (ROSSO DEL, dit maître Roux)

138 — Les trois Parques filant la vie des hommes.

Superbe dessin au pinceau, avec un ton bleu rehaussé de blanc, sur papier verdâtre. Ce dessin a été gravé au XVIᵉ siècle; il provient du cabinet Denon.

Haut., 245 mill.; larg., 175 mill.

RUBENS (PIERRE-PAUL)

139 — L'Ivresse : Un soldat; le bras droit passé autour du cou d'une femme, cherche à obtenir d'elle la cession d'un flacon qu'elle tient de ses deux mains. Silène excite ses désirs en lui montrant une coupe pleine de liqueur.

A la pierre d'Italie. Le tableau, avec les personnages à mi-corps est dans la galerie de la duchesse de Galiera.

Haut., 340 mill.; larg., 210 mill.

RUYSDAEL (JACQUES)

140 — Cabanes près d'un bois. Parmi les personnages, on remarque un homme qui bêche et, à droite, un homme qui conduit une brouette.

A l'encre de Chine. Collection Crauemburg.

Larg., 315 mill.; haut., 195 mill.

141 — La Pêche. Sur les bords, trois hommes pêchent près d'un chêne tourmenté par la tempête.

A l'encre de Chine; signé R. 1640.

Larg., 295 mill.; haut., 175 mill.

142 — Entrée de bois : A gauche, un arbre forme coulisse et contraste par ses dimensions avec le taillis par lequel on pénètre dans le bois.

A l'encre de Chine avec tons d'aquarelle vert et terre de Sienne.

Larg., 195 mill.; haut., 150 mill.

RUYSDAEL (Jacques)

143 — Chaumière en ruine : Deux paysans, assis à gauche, devisent sur l'effondrement de cette masure, tandis qu'un troisième, à droite, paraît appeler au secours.

A l'encre de Chine. Ce dessin a été gravé dans la collection Ploos van Amstel. Collections Ploos van Amstel, Goll et Cranenburgh.

SANZIO (Raphael)

144 — La fuite de Loth avec ses filles : Loth donne la main à ses deux filles et les entraîne loin de Sodome en flammes. Sa femme les suit et se retourne pour voir le désastre

Dessin lavé à la sépia et rehaussé de blanc, pour les fresques du Vatican. Collections de la reine Christine de Suède, Crozat, Mariette, Rutgers, Willes, Duroveray, Dimsdale, Lawrence, Woodburn et du roi Guillaume. Ce dessin est décrit par Passavant dans sa *Vie de Raphaël*, t. II, p. 534.

Larg., 275 mill.; haut., 225 mill.

145 — Mise au tombeau : La Vierge et Joseph d'Arimathie déposent dans le tombeau le corps du Christ. Sainte Madeleine, agenouillée, se lamente. Deux saintes femmes assistent à cette scène. Saint Jean détourne les regards. A gauche, un homme la tête couverte d'un turban.

Passavant, qui a décrit ce dessin remarquable par l'expression, lui donne la date de 1505, et signale une copie de Timoteo Vitti dans l'Institut des Beaux-Arts.

A la plume, avec lavis de sépia. Collections de La Nouë, de Julienne Lawrence et Woodburn, qui l'avait acquis à la vente du roi de Hollande.

Larg., 265 mill.; haut., 235 mill.

146 — Vierge assise sur un trône. A gauche, deux saints ; à droite, un groupe d'hommes et de femmes accroupis au-dessus duquel on remarque quatre esquisses de têtes pour une autre composition ; sur la marche du trône, un ange est assis.

A la plume. Collections Timoteo Vitti et Desperet.

Larg., 365 mill.; haut., 255 mill.

147 — Couronnement de la Vierge : Le Christ, assis sur des nuages au milieu d'une gloire de séraphins, dépose une couronne sur la tête de la Vierge; quatre anges, porteurs de guirlandes de perles et de fleurs, voltigent à l'entour, dans le bas, les douze apôtres lèvent les yeux au ciel et glorifient les noms du Christ et de Marie.

A la plume, avec lavis d'encre de Chine. Collections Th. Lawrence et Wellesley.

Haut., 395 mill.; larg., 280 mill.

147 *bis* — Croquis pour une Descente de croix.

Beau dessin à la plume et au bistre.

STORCK (Attribué à A.)

148 — Port d'Italie. A gauche, un arc de triomphe et les ruines d'une colonnade. Sur un débris de corniche, on lit : A Storck f. 1677.

Aquarelle.

Haut., 185 mill.; larg., 145 mill.

149 — Port d'Italie.

Aquarelle, signée au bas de la gauche, A. Storck fecit, anno 1678.

Haut., 185 mill.; larg. 142 mill.

TENIERS (David)

150 — Repas de paysans. Parmi les convives assis sur des bancs, on en remarque un qui passe son bras au cou de sa voisine.

A la mine de plomb.

Haut., 280 mill.; larg., 210 mill.

TIEPOLO (J.-B.)

151 — Le Festin de Nabal.

Beau dessin à la mine de plomb. Il est gravé.

Larg., 485 mill.; haut., 335 mill.

TINTORET (JACOPO ROBUSTI, dit le)

152 — Dieu le Père plane dans les airs, les deux bras étendus.

Au crayon noir. Ce dessin a fait partie de la collection de Vasari, qui lui a fait un riche entourage architectural. Collections Vasari, Denon et Boilly.

Haut., 440 mill.; larg., 270 mill.

TITIEN (TIZIANO VECELLIO, dit le)

153 — Paysage. Sur le sommet d'une colline, une maison entourée d'arbres; sur le devant, à droite, cinq personnages.

Dessin à la plume. Collections Mariette et Thibaudeau.

Larg., 200 mill.; haut., 145 mill.

TORO (J.-B.)

154 — Lambris de la Cour des comptes à Aix.

Au crayon très-légèrement lavé d'encre de Chine.

Haut., 390 mill.; larg., 265 mill.

UDINE (JEAN D')

155 — Plafond. Riche décoration avec trois sujets au milieu, représentant au centre deux personnages et un enfant couchés sur un lit près d'une table servie par des serviteurs; à gauche, Antiope et, à droite, des personnages en adoration. En divers endroits on trouve l'indication manuscrite des couleurs.

Beau dessin à la plume, lavé de bistre.

Larg., 500 mill.; haut., 240 mill.

VAGA (Perino del)

156 — Deux vases : Sur la panse de l'un, des enfants jouent avec un lion. Sur la panse de l'autre, Moïse frappant le rocher pour en faire jaillir l'eau.

Dessins à la plume, avec lavis d'encre de Chine.

Haut., 180 mill.; larg., 100 mill.

VASARI (G.)

157 — Statue d'un empereur romain, d'après P. Degli Vecelli.

A la plume et au bistre.

VELDE (Guillaume van de)

158 — Combat naval : Un brick est abordé par un navire. Deux chaloupes sur les premiers plans. Dans le fond, à gauche les deux flottes combattent.

Très-beau dessin signé. Collection Mouriau.

Haut., 265 mill.; larg., 167 mill.

159 — Gros temps : Cinq barques ou navires poussés par un vent violent, fuient vers la gauche.

A la plume, avec lavis d'encre de Chine. Signé.

Larg., 265 mill.; haut., 125 mill.

VELDE (Adrien van de)

160 — Jeune femme du peuple assise et laissant voir en partie ses seins. Sur la droite, deux autres études pour les seins. A gauche, un jeune garçon vu de dos.

Au crayon rouge. Signé. Collections de Fries et Festetich.

Larg., 325 mill.; haut., 210 mill.

VELDE (Adrien van de)

161 — La Vache couchée : Elle est vue presque de face et semble ruminer. Elle a les cornes très-courtes. Sur la gauche, une étude pour les deux pieds de derrière.

A la pierre d'Italie.

Larg., 155 mill.; haut., 95 mill.

VINCI (Léonard de)

162 — Première pensée pour l'adoration des Mages de Florence. Tableau laissé inachevé par Léonard : La Vierge tient sur ses genoux l'Enfant Jésus qui prend un vase des mains du roi mage agenouillé. A droite et à gauche, de nombreux personnages se prosternent devant l'Enfant Jésus. Dans le fond, la suite des rois mages. La plupart des personnages sont représentés nus.

Admirable dessin à la plume, exécuté de la main gauche, comme le prouvent les hachures qui vont toutes de gauche à droite. Au verso, une étude d'homme assis, à la mine d'argent. Ce dessin a été gravé dans la *Gazette des Beaux-Arts*, t. XXIII, p. 534.

Haut., 285 mill.; larg., 215 mill.

163 — Etudes pour le tableau de la sainte Anne, du Louvre : La Vierge, assise sur les genoux de sainte Anne, sourit aux jeux de l'Enfant Jésus avec saint Jean-Baptiste. Au-dessous, divers croquis pour la figure de l'Enfant Jésus, etc. Divers dessins hydrauliques pour une écluse, et quelques lignes d'écriture tracées de droite à gauche. Au verso, la tête de vieillard qu'il a si souvent reproduite. Elle regarde à droite, et est exécutée à la pierre noire.

Beau dessin à la pierre noire, à l'encre de Chine et au lavis. Les machines hydrauliques sont à la plume.

Haut., 270 mill.; larg., 200 mill.

VINCI (LÉONARD DE)

164 — Etude de draperies pour le sein gauche d'une femme et pour un manteau tombant sur l'épaule. Le corps de la femme n'est pas indiqué, et le bras gauche n'est dessiné que jusqu'au poignet.

Beau dessin au pinceau, rehaussé de blanc sur papier bleu.

Haut., 285 mill.; larg., 215 mill.

165 — Diverses études d'hommes isolés ou groupés, parmi lesquels on distingue : A droite, un jeune homme les bras croisés et appuyés sur le genou relevé par la pose du pied sur une pierre. Au verso, une tête de femme de profil.

Beau dessin à la plume, exécuté de la main gauche.

Larg., 260 mill.; haut., 180 mill.

166 — Courrier monté sur un cheval qui galoppe vers la droite; tête de cheval qui hennit; cheval vu de croupe. Au verso, deux études pour un saint Georges terrassant le Dragon; cavalier faisant dresser son cheval sur ses jambes de derrière; deux études pour chevaux vus de poitrail et de croupe; chien aboyant contre un cheval. Ces diverses études paraissent avoir été faites d'après des bronzes antiques.

Dessin exécuté à la plume, de la main gauche, avec un léger lavis d'encre de Chine. Collections Spencer, Jonathan Richardson père, Peter Lely, Hudson et Thibaudeau. Ces croquis ont été reproduits dans la *Gazette des Beaux-Arts*, t. XXIII, p. 532 et 533.

167 — Trois études pour une Victoire déposant un bouclier sur un trophée. La Victoire du haut, à gauche, a son pied sur le bouclier que la Victoire du bas pose au-dessus

d'une pièce auquel pend un écusson. La troisième étude
n'a que la tête esquissée à la plume, le reste du corps est
indiqué avec une mine d'argent.

> Superbe dessin exécuté de la main gauche, comme l'indique les traits
> allant de gauche à droite. Au verso, quelques lignes d'écriture tracées
> avec la main droite. Collection Desperet.
>
> Haut., 250 mill.; larg., 205 mill.

168 — Béatrice d'Este (?). Portrait de femme vue de profil et
regardant à droite. Un bandeau de velours noir orné de
diamants et de perles maintient ses cheveux qui retom-
bent sur ses épaules. Un rang de perles orne son cou. La
tête se détache sur un fond noir.

> Ce dessin est exécuté au pinceau et au crayon, sur papier fixé sur une
> planche. Cabinet Vallardi.
>
> Haut., 275 mill.; larg., 200 mill.

169 — Ludovico Sforza. Portrait d'homme vu de profil et regardant à gauche. Un bonnet avec visière relevée re-
couvre ses cheveux lisses qui tombent droit sur son cou.
La figure se détache en clair sur un fond noir.

> Ce portrait est fait dans la même manière que Béatrice d'Este, dont il
> est le pendant. Cabinet Vallardi. Ils sont réunis dans le même cadre et
> seront vendus ensemble.
>
> Haut., 275 mill.; larg., 200 mill.

VERROCHIO (ANDRÉ)

170 — Sept études pour un enfant représenté debout et nu.
Enfant assis sur un escabeau; au haut de la gauche, buste
de jeune homme. Enfant nu, assis; sur la droite, quelques
chiffres. Au verso, deux études nues pour un homme qui
porte une épée.

> Beau dessin à la plume.
>
> Haut., 255 mill.; larg., 185 mill.

VERROCHIO (Andr)

171 — Trois études pour un enfant nu et assis. Buste de femme de profil. Médaille représentant un empereur romain. Quelques indications de paysage. Au verso, âne portant un bât. Etudes pour une bouche, un nez et un œil. Une ligne d'écriture.

Beau dessin à la plume lavé de bistre.

Haut., 250 mill.; larg., 190 mill.

Ces deux dessins faisaient partie d'un album de croquis dont la plupart se trouvent dans la collection de M. His de Lasalle.

WATTEAU (Antoine)

172 — Deux femmes assises, l'une tournée à droite, regardant le spectateur; l'autre est vue de profil, dans le sens contraire.

Au fusain et au crayon rouge, rehaussé de blanc, sur papier gris.

Haut., 250 mill.; larg., 190 mill.

173 — Le Ménage mal assorti : Un vieux, appuyé sur une canne, conduit par la main une jeune femme qui met sa main gauche dans celle d'un jeune beau. Pierrot et Arlequin les suivent en jouant de la guitare et de la vielle.

Ce dessin au crayon rouge a été gravé.

Haut., 225 mill.; larg., 170 mill.

174 — Deux figures de Gilles s'essayant sur la guitare : Dans l'une, il est en culotte, vu de profil, le corps tourné à droite; dans l'autre, il est de face, avec un pantalon bouffant.

Beau dessin au crayon rouge.

Haut., 205 mill., y compris deux petites marges ajoutées; larg., 198 mill.

WATTEAU (Antoine)

175 — Tête de Négrillon : Il regarde à droite; sa tête est couverte d'un bonnet avec houppe sur le sommet.

Dessin au fusain et au crayon rouge Collection Boilly.

Haut., 125 mill.; larg., 91 mill.

WATERLOO (Antoine)

176 — Pont de bois conduisant, par-dessus un ruisseau, à l'entrée d'un parc fermé par un mur très-élevé. Dans le fond, à gauche, deux moulins à vent.

A la pierre noire, avec lavis d'encre de Chine.

Larg., 290 mill.; haut., 190 mill.

177 — Village dans lequel on remarque deux moulins à vent. Une voiture vient de passer sur un pont qui traverse une rivière.

A la pierre d'Italie, avec lavis d'encre de Chine.

Larg., 290 mill.; haut., 190 mill.

WOUWERMANS (P.)

178 — Halte devant une cabane : Des voyageurs de toutes classes sont arrêtés près d'une misérable chaumière. Parmi eux, on remarque un cavalier qui remet ses éperons pendant que son jeune page tient son cheval par la bride.

A la pierre noire d'Italie, à la sépia, et rehaussé de blanc, sur papier jaune. Il a été gravé dans l'ouvrage, les Collections célèbres de M. Lièvre.

Larg., 188 mill.; haut., 165 mill.

ESTAMPES

ALBERTI (Chérubin)

179 — Deux couteaux sur une même feuille. (B. 172.)
Très-belle épreuve.

ALDEGRAVER (Henri)

180 — Montant d'ornements (B. 279).
Belle épreuve.

181 — Un panneau rempli de feuillage (B. 289). — Morceau
d'un montant d'ornement (B. 286). Deux pièces.
Très-belles-épreuves.

ANDRÉA (Zoan)

182 — Pièce allégorique (B. 16). — Autre pièce allégorique
(B. 17). Deux estampes gravées d'après Mantegna.
Superbes épreuves. Rares.

ANONYME

X 183 — Huit pièces gravées sur bois, sur les usages et coutumes des Turcs. Dans les fonds, on aperçoit la vue de Constantinople *schefer* . . .
Très-belles épreuves.

BALDINI (Baccio)

184 — Dante effrayé par une panthère et un lion (B. 37).
Belle épreuve.

185 — L'Adoration des mages, (Pass. 95 t. V, p. 40).
Très-belle épreuve d'une estampe de la plus grande rareté.

BARBARY (Jacopo de, dit le maître au caducée)

186 — La Sainte Famille (B. 4). Gal. 6.
Très-belle épreuve. Collection J. Barnard.

187 — L'homme portant le berceau (B. 11). Gal. 27.
Epreuve de toute beauté avec marges à droite et en haut. Collection Marshall. Très-rare.

188 — Vénus (B. 12). Gal. 14.
Epreuve de toute beauté des collections Storck, W. Esdaile et Marshall. Très-rare.

189 — Le Satyre jouant de la cornemuse (B. 14). Gal. 19.
Magnifique épreuve. Très-rare.

190 — Phébus et Diane (B. 16). Gal. 16.
Epreuve de toute beauté. Très-rare.

191 — Le sacrifice à Priape (B. 19). Gal. 21.
Epreuve de toute beauté, d'une estampe très-rare.

BARBARY (Jacopo de, dit le maître au caducée)

192 — Saint Sébastien, les deux bras attachés au-dessus de sa tête par une corde formant nœud coulant (Gal. 9). Pass. 27.

Superbe épreuve d'une pièce rarissime qui est restée inconnue à Bartsch.

193 — Une femme se regarde dans un miroir bombé. Elle est nue, les cheveux flottant sur l'épaule droite, un chapeau à plumes sur la tête. Dans sa main droite elle tient un miroir et un voile qui, en passant dans sa main gauche, cache sa nudité. Dans le bas de la droite, une boule et des quilles. Pièce non décrite. Voir pour cette pièce le travail de M. Galichon dans la *Gazette des Beaux-Arts*, t. VIII, 2º période, p. 223.

BEHAM (H. S.)

194 — Les Armoiries au coq (B. 256).

Belle épreuve avec marges.

195 — Les Armoiries à l'aigle (B. 257).

Belle épreuve.

BERGHEM (Nicolas)

196 — Le Joueur de cornemuse, pièce dite le Diamant (B. 4).

Superbe épreuve avec marge.

BIRCKENHULTZ (P.)

197 — Petits bouquets de fleurs. Deux pièces.

Très-belles épreuves.

BOLSWERT (Schelte A.)

198 — Le Christ au roseau, d'après Van Dyck.
Très-belle épreuve du ~~premier état~~.

BONASONE (Jules)

199 — La Naissance de saint Jean-Baptiste (B. 76).
Très-belle épreuve avec marges.

200 — Constantin remportant la victoire sur le tyran Maxence,
d'après Raphaël (B. 84).
Superbe épreuve.

201 — Le Triomphe de l'Amour (B. 106).
Superbe épreuve.

✗ 202 — Pâris jugeant les trois déesses (B. 112).
Très-belle épreuve.

BOYVIN (René)

✗ 203 — Deux salières de front (B. D. 173).
Très-belles épreuves.

BRESCIA (G. A. de)

✗ 204 — La Vierge avec des saints. Elle est assise dans une
niche et offre une grenade à l'enfant Jésus posé sur les
genoux de sa mère. A gauche, sainte Hélène ; à droite,
saint Michel. Au bas, trois inscriptions, chacune de cinq
lignes. Pass., t. V, p. 108, n° 33. Pièce inconnue à Bartsch
et de la plus grande rareté.
Superbe épreuve.

BRESCIA (G. A. DE)

205 — Hercule tuant l'hydre de Lerne. (B. 12).
Magnifique épreuve d'une estampe de la plus grande rareté.

206 — Hercule et Anthée. (B. 13).
Superbe épreuve d'une estampe très-rare.

BRY (LES DE)

207 — Fon de coupe entourée d'ornements.
Très-belle épreuve.

208 — Fonds de coupes avec portraits. Quatre pièces.
Très-belles épreuves.

209 — Ornements pour orfévres. Quatre pièces en forme de frises.
Très-belles épreuves.

210 — Les sept Vertus chrétiennes. Suite de sept estampes et un titre.
Très-belles épreuves. Rares.

211 — Dessins de fourchettes. 2 pièces.
Très-belles épreuves.

212 — Pendants de clefs pour les femmes. — Cuillières, agraffes pour ceinturon, etc. Dix pièces.
Très-belles épreuves.

213 — Manches de couteaux. Six pièces à deux et trois sujets sur la même feuille.
Très-belles épreuves.

4

BRY ET AUTRES

214 — Fonds de boîtes, manches de couteaux et autres pièces découpées. 23 pièces.

BRY (attribué à de)

215 — Dessins pour boîtes de montres. Suites de quatre pièces de forme ovale, avec sujets mythologiques au milieu.

Très belles épreuves.

BURGMAIR (Hans)

216 — Une femme montée sur le dos d'un homme (B. 73).

Superbe épreuve avec marge. Notre épreuve est entourée d'une bordure dont Bartsch ne parle pas.

CALLOT (Jacques)

217 — Paysages dessinés à Florence, par Callot (M. 1187-1198). Suite de douze estampes dont nous n'avons que neuf.

Superbes épreuves du premier état.

CAVALERIS ?

218 — Clément VII. Pont. Max. Dans une marge qui entoure la tête de ce pape tournée vers la droite. Il est tonsuré et porte une chappe attachée par une boucle qui déborde sur la marge. Fond couvert de tailles. Pièce de forme ronde non décrite.

Très-belle épreuve.

CAMPAGNOLA (J.)

219 — La Samaritaine (B. 2). Voir le cat. publié par M. Galichon dans la *Gazette des Beaux-Arts*, t. XIII, p. 332, n° 2.

Epreuve de toute beauté avec grandes marges. Très-rare.

220 — Saint Jean-Baptiste (B. 3). Gal. 3.

Superbe épreuve. Très-rare.

221 — Ganymède (B. 5). Gal. 6. Gravé très-probablement d'après Mantegna.

Magnifique épreuve d'une pièce charmante et rare.

222 — Le jeune Berger (B. 5). Gal. 8.

Magnifique épreuve de la pièce la plus parfaite du maître. Collection Marshall.

223 — L'Astronome (B. 8). Gal. 11.

Magnifique éprenve d'une pièce rarissime.

CAMPAGNOLA (DOMINIQUE)

224 — Le jeune Berger et le vieux Guerrier. (B. 8) Gal. 13. *Gazette des Beaux-Arts*, t. XVII, p. 536.

Superbe épreuve.

225 — Les Bergers musiciens (B. 9). Gal. 12. Estampe gravée en communauté avec J. Campagnola.

Très-belle épreuve d'une pièce rare.

226 — Combat des Lapithes et des Centaures (B. 10). Gal. 11.

Superbe épreuve. Collection de Férol.

227 — Douze enfants dansants (Gal. 15). Pass. 16.

Cette pièce, non décrite par Bartsh, est la plus belle de l'œuvre. Notre épreuve est magnifique, imprimée à l'encre rouge et est d'une conservation parfaite. Rarissime.

CORVINIANUS (Saur)

228 — Ornements noirs sur fond blanc, 1597. Six pièces.
Très-belles épreuves.

229 — Ornements noirs en silhouette, 1593. Cinq pièces.
Très-belles épreuves.

230 — Ornements pour bijoutiers, 1593. Six pièces.
Très-belles épreuves.

231 — Ornements noirs sur fond blanc. Trois pièces.
Très-belles épreuves.

CRANACH (Lucas)

232 — Portrait de Philippe Melanchthon (B. 153).
Très-belle épreuve.

DUCERCEAU (J. Androuet)

233 — Les petites arabesques. Dix pièces.

234 — Les grandes arabesques. Treize pièces dont quelques-
unes avec marge.

DUJARDIN (Karel)

235 — Les trois cochons devant l'étable. (B. 8).
Magnifique épreuve du premier état avant le numéro et divers travaux, avec marge.

DURER (Albert)

236 — Adam et Ève (B. 1).
Magnique épreuve sur papier à la tête de bœuf, avec une petite marge.
Collection Saint-Aubin.

DURER (ALBERT)

237 — La Nativité (B. 2).
Superbe épreuve.

238 — La Passion de Jésus-Christ. Suite de seize estampes (B. 3, 18).
Très-belles épreuves.

239 — L'homme de douleurs, aux bras étendus (B. 20).
Superbe épreuve.

240 — La face de Jésus-Christ (B. 25).
Superbe épreuve.

241 — La face de Jésus-Christ (B. 26).
Très-belle épreuve.

242 — Sainte Anne et la jeune Vierge (B. 29).
Superbe épreuve.

243 — La Vierge à la couronne d'étoiles et au sceptre (B. 32).
Très-belle épreuve.

244 — La Vierge aux cheveux courts liés avec une bandelette (B. 33).
Superbe épreuve.

245 — La Vierge assise, embrassant l'enfant Jésus (B. 35).
Superbe épreuve avec une petite marge.

246 — La Vierge donnant le sein à l'enfant Jésus (B. 36).
Superbe épreuve.

247 — La Vierge couronnée par un ange (B. 37).
Superbe épreuve.

248 — La Vierge avec l'enfant emmailloté (B. 38).
Superbe épreuve.

DURER (ALBERT)

249 — La Vierge couronnée par deux anges (B. 39).
Superbe épreuve.

250 — La Vierge assise au pied d'une muraille (B. 40).
Magnifique épreuve avec une petite marge.

251 — La Vierge à la poire (B. 41).
Superbe épreuve.

252 — La Vierge au singe (B. 42).
Très-belle épreuve du premier état, avec le nez du singe, noir et avant
deux traits échappés sur le nez et sur le dos de l'animal, sur papier à la
tête de bœuf.

253 — La Sainte Famille au papillon (B. 44).
Superbe épreuve avec une petite marge.

254 — La Vierge à la porte (B. 45).
Très-belle épreuve, manque de fraîcheur.

255 — Les cinq disciples de Jésus-Christ. Suite de cinq estampes (B. 46, 50).
Superbes épreuves.

256 — Saint Christophe (B. 52).
Superbe épreuve avec une petite marge.

257 — Saint Georges à cheval (B. 54).
Magnifique épreuve.

258 — Saint Sébastien attaché à une colonne (B. 56).
Superbe épreuve sur papier à la tête de bœuf.

259 — Saint Eustache ou saint Hubert (B. 57).
Magnifique épreuve. Collection W. Esdaile.

DURER (ALBERT)

260 — Saint Jérôme dans sa cellule (B. 60).
Superbe épreuve.

261 — Saint Jérôme en pénitence (B. 61)
Très-belle épreuve avec une petite marge.

262 — Les trois génies (B. 66).
Très-belle épreuve.

263 — La Famille du satyre (B. 69).
Superbe épreuve.

264 — L'Enlèvement d'Amymone (B. 71).
Superbe épreuve.

265 — Le Ravissement d'une jeune femme (B. 72).
Très-belle épreuve. Collection Arozarena.

266 — L'Effet de la jalousie (B. 73).
Magnifique épreuve avec une petite marge.

267 — La Mélancolie (B. 74).
Superbe épreuve.

268 — Le Groupe des quatre femmes nues (B. 75.)
Superbe épreuve avec une petite marge.

269 — L'Oisiveté (B. 76).
Magnifique épreuve avec marge ; elle porte au recto et au verso la signa-
-ture de P. Mariette, 1666 et 1673.

270 — La Dame à cheval (B. 82).
Superbe épreuve. Collection R. Dumesnel.

DURER (ALBERT)

271 — L'Hôtesse et le cuisinier (B. 84).
Très-belle épreuve.

272 — L'Oriental et sa femme (B. 85).
Belle épreuve.

273 — Le Violent (B. 92).
Magnifique épreuve.

274 — Les Offres d'amour (B. 93).
Superbe épreuve. Collection Donnadieu.

275 — Le Canon (B. 99).
Très-belle épreuve.

276 — Les armoiries à la tête de mort (B. 101).
Epreuve de la plus grande beauté, avec marge. Collection Saint-Aubin.

277 — La Décollation de saint Jean-Baptiste (B. 125 des gravures sur bois).
Très-belle épreuve.

278 — Portrait de l'empereur Maximilien (B. 153 des gravures sur bois).
Très-belle épreuve.

DUVET (JEAN)

279 — Poison et contre-poison (B. 44). Cette estampe est attribuée, pour le dessin, à Léonard de Vinci et, pour la gravure, à Cesare da Sesto. Voir l'article de M. Galichon. *Gazette des Beaux-Arts*, t. XVIII, p. 550.
Très-belle épreuve.

DYCK (ANT. VAN)

280 — Le Titien et sa maîtresse.

Magnifique épreuve avec marges avant l'adresse de A. Bonenfant. Collection Bertin.

FLINDT (PAUL)

X 281 — Lampadaire, coupes, gobelets, calices, chandeliers, aiguières et autres pièces d'orfévrerie. Suite de trente et une pièces avec titre, marquées des lettres P. V. N. Cette suite doit se composer de quarante pièces.

Superbes épreuves de pièces rares; quelques-unes sont tachées d'huile.

X. 282 — Coupes, gobelets, vases, ciboires, fleurs, etc. Suite de trente-neuf pièces avec titre.

Superbes épreuves de pièces rares.

FONTAINEBLEAU (ÉCOLE DE)

283 — Alexandre domptant Bucéphale, d'après le Primatice (B. 12), gravé par L. Davent.

Très-belle épreuve, plus deux autres pièces.

284 — L'empereur Marc-Antoine offrant un sacrifice, d'après le Primatice (B. 14), gravé par L. Davent.

Très-belle épreuve.

285 — Plusieurs hommes occupés à la pêche, d'après le Primatice (B. 65), gravé par L. Davent.

Très-belle épreuve.

286 — Les Grecs se rendant maîtres du palais de Priam, d'après Lucas Penni (B. 44), par un anonyme.

Très-belle épreuve.

FONTAINEBLEAU (École de)

287 — Une femme à genoux retenant un guerrier qui veut tuer un jeune homme, d'après Lucas Penni (B. 46), gravé par un anonyme.

Très-belle épreuve.

288 — Marc Curtius se dévouant à sa patrie, en se précipitant dans un gouffre (B. 47), gravé par un anonyme.

Belle épreuve.

FRANCIA (J.)

289 — Sainte Famille (B., t. XV, p. 455, n° 2).

Magnifique épreuve d'une pièce extrèmement rare.

290 — Cléopâtre (B. 5).

Superbe épreuve.

GAULTIER (L.)

291 — Le Jugement dernier, d'après Michel-Ange.

Très-belle épreuve.

GELLÉE (Claude, dit le Lorrain)

292 — Le Soleil couchant (R. D. 15).

Magnifique épreuve avant la lettre, d'un état antérieur au premier état décrit; elle est avant les lettres C. L., sur la planche qui est sur le devant de la composition; elle est aussi avant des travaux sur l'arc triomphal, à gauche. Probablement unique.

293 — Le troupeau en marche par un temps orageux (R. D. 18).

Superbe épreuve du premier état avec marge. Très-rare en aussi belle condition.

GELLÉE (CLAUDE, dit le LORRAIN)

294 — Le campo Vaccino (R. D. 23).

Magnifique épreuve du deuxième état, avant la marque C. L. au-dessous de l'homme, à gauche. Extrêmement rare. Collection Marshall.

294 *bis* — Description de las fiestas que el Sʳ Marques de Castebrodrigo, Embajador de España. Celebró en esta Corte á la nueva del élection de Ferdinand III, — de Austrio rey de Romanos. — Hecha por Miguel Bermudez de Castro. Au-dessous de ce titre, sont les armes d'Autriche gravées sur bois, et plus bas : En Roma por francisco Caballo, MDCXXXVII, con licencia de los superiores. Une bordure gravée sur bois, encadre tout le frontispice. Au Deuxième feuillet commence la description de la fête en vers espagnols et qui remplit huit feuillets.

Dans ce livre se trouvent dix pièces des feux d'artifice gravées par Claude Lorrain, que nous allons indiquer en renvoyant pour la description à un article publié par M. Galichon dans la *Gazette des Beaux-Arts* t. XI, p. 225, et au *Peintre-graveur* de R. Dumesnil, t. I, p. 31, et au supplément du même ouvrage, publié par M. Duplessis, t. XI, p. 183.

Atlas supportant le monde (R. D. 30). Supp. 30, Gal, 1.

Epreuve du premier état, avant les lettres C. L., à la gauche du bas.

Le Globe terrestre, supporté par Atlas, vole en éclats (R. D. 31). Supp. 31, Gal. 2.

Epreuve du deuxième état, le trait carré du bas est divisé en une sorte d'échelle métrique.

Neptune debout sur une conque marine (R. D. 29). Supp. 29, Gal. 3.

Epreuve du premier état avant le numéro XVI, à l'angle gauche du haut.

La tour aux cinq tourelles (R. D. 36) Sup. 36, Gal. 4.

Même sujet, avec les feux qui jaillissent de chaque
pierre (R. D. 32). Supp. 32, Gal. 5
Epreuve du premier état avant les lettres C. L., sur le terrain.

La tour s'entr'ouvre etlaisse apercevoir une tour ronde
et crénelée (R. D. 33). Supp. 35, Gal. 6.

Tour ronde et crénelée, de laquelle des feux s'échap-
pent en gerbe (R. D, 34). Supp. 36, Gal. 7.

La tour entr'ouverte laisse voir de profil la statue équestre du roi (R. D. 35). Supp. 38, Gal. 8.

La statue équestre du roi reste seule élevée sur une
plate-forme (R. D. 37). Supp. 39, Gal. 9.

La statue équestre du roi est amenée, au milieu d'ar-
chers et de soldats qui sonnent des fanfares sur la place
(R. D. 38). Supp. 40, Gal. 10.

A la suite de ces dix planches, l'ancien possesseur du
vol. a joint un autre texte en prose italienne dont voici le
titre : Relatione — delle feste fatte — dall' excellentis-
simo signore Marchese di Castillo-Rodrigo, ambasciatore
della Maestà cattolico nella eletione di Ferdinando Terzo,
ré de Romanie, al illustrissimo signore Giustino Landi.
Cette relation prend huit pages : à la dernière sont la
date, 10 febraro 1637, et le nom de Ferranto Corsacci,
chargé par l'éditeur Landi de cette description.
Il est extrêmement probable que cet exemplaire fut des-
tiné au neveu du pape Urbain VIII, le cardinal Antonio
Barberini, car sur les plats du vélin qui forme sa couver-

ture, sont imprimées les armoiries de ce prélat : les trois abeilles. Cette reliure contient encore deux autres opuscules dédiés spécialement à ce cardinal Barberini. Le volume porte environ 195 de hauteur sur 140 mill. de largeur. Les eaux-fortes sont très-belles d'épreuve.

DE LAULNE (Étienne)

295 — Ecran ou miroir à main (R. D. 315).
Superbe épreuve.

296 — Miroir octogone (R. D. 321).
Superbe épreuve. Rare.

297 — Sujets variés (R. D. 383, 385, 386, 387). Autres sujets variés (R. D. 390, 393). Sept pièces dont une double.
Très-belles épreuves.

298 — Quatorze pièces tirées de différentes suites.

LEYDE (Lucas de)

299 — Dalila coupant les cheveux de Samson (B. 25).
Très-belle épreuve.

300 — David jouant de la harpe devant Saül (B. 27).
Superbe épreuve sur papier au P gothique.

301 — Esther devant Assuérus (B. 31).
Très-belle épreuve. Il y a dans le milieu une petite restauration.

302 — Les deux Vieillards apercevant Suzanne au bain (B. 33).
Superbe épreuve sur papier au P gothique.

LEYDE (LUCAS DE)

303 — La Résurrection de Lazare (B. 42).
Très-belle épreuve.

304 — La Passion de Jésus-Christ. Suite de neuf estampes de forme ronde (B. 57-65).
Superbes épreuves. Suite très-rare à trouver en aussi bel état.

305 — Jésus-Christ en prière à la montagne des Oliviers. (B. 66).
Superbe épreuve avec une petite marge.

306 — Jésus-Christ présenté au peuple (B. 71).
Très-belle épreuve, manque de conservation.

307 — Le Retour de l'Enfant prodigue (B. 78).
Magnifique épreuve. Collection du prince de Paar.

308 — La Sainte Famille (B. 85).
Superbe épreuve.

309 — Conversion de saint Paul (B. 107).
Superbe épreuve d'une conservation parfaite, sur papier au P gothique.

310 — Saint Sébastien (B. 115).
Superbe épreuve.

311 — La Tentation de saint Antoine (B. 117).
Magnifique épreuve sur papier au P Gothique.

312 — Saint George (B. 121).
Très-belle épreuve.

LEYDE (Lucas de)

313 — Marie-Madeleine se livrant aux plaisirs du monde (B. 122).

    Épreuve de la plus grande beauté et d'une parfaite conservation. Extrêmement rare de cette qualité.

314 — La même estampe.

    Belle épreuve.

315 — Mars et Vénus (B. 137).

    Magnifique épreuve sur papier au P gothique. Collection Arozarena.

316 — Vénus et l'Amour (B. 138).

    Très-belle épreuve.

317 — La Promenade (B. 144).

    Très-belle épreuve.

318 — La Dame au Bois (B. 146).

    Superbe épreuve. La marge a été refaite.

319 — L'Homme à la torche (B. 147).

    Superbe épreuve.

320 — La Vieille à la grappe de raisin (B. 151).

    Superbe épreuve.

321 — Une composition d'ornement (B. 161).

    Très-belle épreuve.

322 — Les Enfants guerriers (B. 165).

    Belle épreuve.

323 — Portrait de Lucas de Leyde (B. 173).

    Très-belle épreuve avec marge.

LIPPI (Pra Filippo)

324 — L'Annonciation (Pass. t. V., p. 51, n° 1).

Cette pièce, ainsi que les deux suivantes, sont de la plus grande rareté.
Superbe épreuve.

325 — Le Christ présenté au peuple (Pass. 7).
Superbe épreuve.

326 — La Présentation au Temple (Pass. 4).
Superbe épreuve.

327 — Frise d'ornement. Très-jolie pièce gravée au trait.
Très-belle épreuve.

MAITRE ANONYME ITALIEN, du xv° siècle.

328 — Le Déluge (B. t. XIII, p. 71, n° 3. Pass. t. V, p. 6.)
Superbe épreuve de la copie de cette estampe rare, par un vieux
maître ; décrite par Bartsch.

MAITRE ANONYME FLORENTIN, du xv° siècle.

329 — Sibylla Agrippa (B. t. XIII, p. 95, n° 20).
Superbe épreuve d'une pièce très-rare.

MAITRE ANONYME ITALIEN, du xv° siècle.

330 — Virginius tuant sa propre fille (B. t. XIII, p. 108, n° 5).
Estampe attribuée par Ottley à Gherardo.
Magnifique épreuve avec marge.

MAITRE ANONYME ITALIEN, xv° siècle.

331 — Les cinquante cartes de Tarots originales, divisées
en cinq classes.

1re classe (marquée E) représentant différentes condi-
tions. La série porte des chiffres romains et arabes de 1
à 10. Ces derniers sont dans le coin, à droite.

2º classe. Apollon et les Muses, sous la lettre D, placée
à gauche.

3e classe représentant les arts libéraux et trois autres
sciences. Série marquée d'un C à gauche.

4e classe. Les Sept Vertus cardinales, et trois autres
figures allégoriques de sciences.

5º classe. Les Sept Planètes, la huitième Sphère, le
« primo mobile » et la « prima causa. » Série marquée
d'un A.

Les cinquante estampes que nous avons indiquées ci-dessus, sont les
originaux décrits par Ottley et Passavant. Bartsch, qui a décrit ces estampes, a pris les originaux pour les copies (Pass., t. V, p. 119.)
Bartsch, 1867, t. XIII, p. 120. Voir l'opinion de M. Galichon sur cette ouvrage, dans la *Gazette des Beaux-Arts*, t. IX, p. 143.

Cette suite, merveilleuse comme beauté d'épreuve et comme conservation, renfermée dans une reliure de la fin du xve siècle, peut être con-
sidérée comme unique en cet état.

MAITRE ANONYME FLORENTIN, du xvº siècle.

332 — Pièce ovale représentant deux femmes assises dans un
paysage et soutenant une bordure formée de deux cornes
d'abondance (B. t. XIII, p. 150, nº 23).

Très-belle épreuve d'une pièce rarissime, gravée dans le goût des
pièces de Botticelli. Collection Otto.

MAITRE ANONYME FLORENTIN, du xve siècle.

333 — Deux Anges en l'air soutenant un écusson avec armoiries, pièce non décrite en forme de frise, de la plus
grande rareté.

Belle épreuve.

5

MAITRE, au monogramme P.P.

200

334 — Chasse au lion (B. t. XIII, p. 355, n° 1).

Superbe épreuve d'une estampe rare.

165

335 — La puissance de l'amour (B. 3).

Superbe épreuve du premier état, avant les retouches au maillet. Pièce rare mais manquant de conservation.

MAITRE, de l'an 1515.

70

336 — Hercule et Anthée. (B. t. XIII, p. 410, n, 3).

Superbe épreuve avec marge.

MAITRE ANONYME ITALIEN, xv° siècle.

5065

337 — Saint Sébastien; il est attaché à un arbre, le corps percé de cinq flèches, son bras gauche cache en partie son visage; sa jambe droite est repliée pour éviter une flèche qui s'est fixée dans le tronc de l'arbre. Cette estampe d'un maître du xv° siècle est du plus beau style et du meilleur dessin; cette épreuve est la seule connue.

Magnifique épreuve.

MAITRE ANONYME ITALIEN, xv° siècle.

765

338 — Jeune guerrier debout appuyé sur une masse d'armes; une cuirasse couvre son corps et sur la tête il porte un chapeau orné d'une plume retenue par un bijou ; au haut à droite, on lit : *Guerino di Meschi*. Sur notre épreuve on remarque le dessin à la plume de la masse avec quelques changements.

Cette pièce rarissime est évidemment d'un artiste ombrien du xv° siècle, et elle est curieuse en ce qu'elle est gravée sur la planche de la vierge d'Ensielden gravée par le maître de 1466.

Très-belle épreuve.

MAITRE ANONYME ITALIEN, xvᵉ siècle.

339 — L'homme de douleurs. Le Christ, les bras croisés sur la poitrine, soutenu à gauche par la Vierge, à droite par saint Jean. Devant les personnages est le tombeau avec le saint suaire attaché sur la face. Cette estampe est une copie du numéro 69 de l'œuvre de Martin Schongauer. M. Galichon, d'après les données de Vasari, attribuait cette estampe à Gherardo ; notre épreuve est, à notre connaissance, la seule connue. Pièce ronde ayant 158 mill. de diamètre.

Très-belle épreuve avec marge.

MAITRE ANONYME BOLONAIS, xviᵉ siècle.

340 — Lucrèce debout et nue ; elle s'enfonce un poignard dans le sein droit ; autour de son corps flotte un voile qui pend sur son bras droit et s'enroule autour de sa cuisse gauche.

Superbe épreuve d'une estampe non décrite et de la plus grande rareté. Haut., 210 mill. ; larg., 135.

MAITRE ANONYME, du xviᵉ siècle.

341 — La Vierge sous un baldaquin, dont un ange soutient à droite le rideau, caresse l'enfant Jésus qu'elle porte sur son bras, et que saint Dominique agenouillé adore ; derrière le saint, saint Jean-Baptiste debout, porte l'agneau posé sur un livre.

Cette pièce, d'un caractère et d'un travail très-particuliers, ne se rapporte à aucune école connue. Elle nous paraît être l'œuvre d'un italien imitant les maîtres de l'Ecole flamande.

Magnifique épreuve d'une pièce dont nous ne connaissons pas d'autre épreuve.

Haut. 152 millim., largeur 113.

MAITRE, au monogramme F. G.

342 — Vulcain et les Cyclopes. (B. 4).
Très-belle épreuve du premier état, avant l'adresse de Lafreri.

342 bis

MAITRE, au monogramme J. G.

343 — La flagellation de Jésus-Christ. (R. D. 4).
Superbe épreuve.

MAITRE, au monogramme P. F.

344 — Ornements pour bijoutiers. 8 pièces.
Très-belles épreuves.

MAITRE S.

345 — Gaîne ; en haut, trois amours assis sur une plate-bande
au dessous de laquelle est représenté un porte-drapeau
qui serre la main d'une femme ; vers le bas, au milieu
d'entre-lacs où se jouent des amours, est un camée avec
la tête tournée à droite. Le monogramme S se trouve sur
le support du groupe principal.
Superbe épreuve d'une estampe non décrite et très-rare.

346 — Saint Jérôme, habillé en cardinal, lit les Saintes Écritures ; à gauche, le lion est couché ; de chaque côté, un
ange sur le chapiteau d'une colonne qui supporte une ar-
cade, soutient une guirlande.
Superbe épreuve d'une pièce non décrite. Très-rare.

MAITRE, au monogramme X. P.

347 — **Léda.** Assise sur une pierre à droite, elle reçoit les
caresses de Jupiter sous la forme d'un aigle; dans le fond
à droite, deux troncs d'arbres; au bas de la gauche, le
monogramme aux lettres X P enlacées. Cette pièce inconnue à Bartsch a été décrite par Brulliot, première
partie, numéro 699. Haut., 150 mill.; larg., 100 mill.
    Très-belle épreuve.

MAITRE ANONYME ITALIEN, graveur
en clairs obscurs.

348 — Portrait de Charles V, d'après le Titien. (B. t. 12, p. 140,
n. 1).
    Superbe épreuve tirée d'une seule planche.

349 — Le même personnage également gravé sur bois par
un anonyme; il est en grand costume, la couronne impé-
riale sur la tête.
    Très-belle épreuve d'une estampe très-rare.

MANTEGNA (Andrea)

350 — La flagellation. (B. 1).
    Magnifique épreuve. Collection W. Esdaile.

351 — Mise au tombeau. (B. 3.)
    Epreuve de toute beauté, mais manquant de conservation.

352 — Jésus-Christ descendant aux limbes. (B. 5.)
    Magnifique épreuve. Collection Arozarena.

353 — Jésus-Christ ressuscité. (B. 6.)
    Magnifique épreuve. Collection Storck.

MANTEGNA (Andrea)

354 — Soldats portant des trophées. (B. 14).

Très-belle épreuve.

355 — Hercule et Anthée (B. 16).

Superbe épreuve.

356 — Bacchanale à la cuve (B. 19).

Magnifique épreuve. Le haut est refait.

357 — Deux paysans, tournés à droite, sur le seuil d'une porte. L'un attend appuyé sur un bâton, tandis que l'autre, le pied sur le seuil d'une porte (qui n'est point figurée), salue et paraît adresser la parole à une personne invisible. Pièce non décrite. Haut. 149 mill.; larg., 107 mill.

Superbe épreuve.

MOCETTO (Girolamo)

358 — Amymone changée en ruisseau. (B. t. XIII, p. 114.) Bartsch a décrit cette pièce parmi les œuvres anonymes sous le titre de : La Nymphe dormante. M. Galichon, dans le tome II de la *Gazette des Beaux-Arts*, p. 321, l'a restituée à Mocetto et décrite sous son vrai titre (Gal. 11, Pass. 12).

Magnifique épreuve. Très-rare.

359 — Triomphe de Neptune, première feuille. Cette estampe a été laissée à tort par Bartsch parmi celles des maîtres anonymes (B. t. XIII, p. 101). M. Galichon, dans son travail sur Mocetto, dans la *Gazette des Beaux-Arts*, t. II, p. 332, l'a restituée à ce maître, Pièce très-rare. (Gal. 13, Pass. 13).

Très-belle épreuve. Rogné.

MOCETTO (Girolamo)

X 360 — La sainte Vierge sur un trône (B. 14). Gal. 8. *Delahit*

Très-rare épreuve d'essai tirée de la planche non terminée ; avant la haie de rosiers maintenue par un treillage qui clot l'enceinte réservée à la Vierge.

361 — Bacchus (B. 6). Gal. 12.

Magnifique épreuve. Collections Martelli et de Janzé. Très-rare.

MODENA (Nicoletto da)

362 — Saint Antoine (Voir le cat. de son œuvre, par M. Galichon, *Gazette des Beaux-Arts*, tom. IV, deuxième période, p. 244, n° 17). Saint Antoine s'appuyant sur une béquille munie d'une clochette, s'achemine vers la gauche, précédé d'un cochon. Derrière le saint se dresse un espèce de portique inachevé et suspendu par des pilastres sur lesquelles sont appliqués des cartouches. Dans le cartouche de gauche, sous des tailles perpendiculaires, on distingue les lettres O. D. N. (Opus di Nicoletto). Sur un piédestal à gauche est posé un vase identique à celui de la Vénus décrite sous le n° 57. Haut. du saint, 155 mill.

Superbe épreuve d'une pièce restée inconnue à Bartsch et Passavant.

363 — Hercule terrassant un centaure (Gal. 20). Hercule, le genou posé sur les reins d'un centaure renversé à terre et qui s'enfuyait vers la droite, frappe de sa massue son ennemi, qui lève en vain une main suppliante. Aux branches desséchées d'un arbre qui s'élève à droite est attaché un cartouche avec ces mots : DIVO ERCVLI. H. 170 mill., larg. 113 mill.

Très-belle épreuve d'une estampe restée inconnue à Bartsch et Passavant.

MODENA (Nicoletto da)

364 — Orphée (Gal. 46). Assis sur un rocher et appuyé contre un arbre mort qui porte plusieurs oiseaux, au milieu d'un site sauvage. Orphée joue du violon et paraît chanter. Un manteau s'attache sur son épaule droite, des brodequins chaussent ses pieds. A droite, un renard prête une oreille attentive aux accents mélodieux du premier chantre du monde ; à gauche, deux lapins se livrent aux ébats de l'amour. A l'arbre pend une tablette, sur laquelle on lit : Nicoletti. H. 205, larg. 142.

Superbe épreuve d'une pièce inconnue à Bartsch et Passavant.

365 — Satyre vidant une biche (Gal. 51). Un satyre, un couteau dans la main droite, ouvre le ventre d'une biche qui pend par les pattes de derrière, attachées à un arbre mort qui s'élève à droite. A gauche est un second arbre mort, auquel sont attachés un arc et une flèche. Les branches desséchées de ces deux arbres sont liées par un ruban qui soutient un écusson avec ces mots : OP. NI MODENSIS recouverts entièrement de tailles. Sur le fond ombré de tailles croisées se détache un fourneau allumé. H. 168 mill., larg. 118 mill.

Très-belle épreuve d'une pièce restée inconnue à Bartsch et Passavant.

366 — La Vestale Lucia (Gal. 59). Pass. 86.

Superbe épreuve du premier état avant que le monogramme ait été couvert de tailles. Très-rare. Cette pièce est restée inconnue à Bartsch.

367 — Apelles (Gal. 61). Pass. 101.

Cette pièce, l'une des plus belles de l'œuvre de Nicoletto, est restée inconnue à Bartsch.

Superbe épreuve.

368 — La Nativité (B. 4). Gal. *Gazette des Beaux-Arts*, t. II, deuxième période, n° 4.

Très-belle épreuve, mais manquant de conservation.

MODENA (NICOLETTO DA)

369 — Saint Jean-Baptiste (B. 30). Gal. 24.
  Très-belle épreuve avec marges.

370 — Sainte Lucie (B. 34).
  Très-belle épreuve.

371 — Le sort de la langue méchante (B. 37). Gal. 69.
  Superbe épreuve.

372 — Vénus et l'Amour (B. 47). Gal. 58.
  Superbe épreuve d'une pièce rare.

373 — Panneau d'ornements (B. 55). Gal. 77.
  Très-belle épreuve.

MONTAGNA (BENEDETTO)

374 — L'Enlèvement d'Europe (B. 23).
  Superbe épreuve avec une petite marge.

375 — L'Homme à la flèche (B. 33).
  Magnifique épreuve d'un état non décrit par Bartsch, avant le petit monticule à gauche, décrit par Passavant.

376 — Saint Jérôme et un autre saint travaillant aux Evangiles : Saint Jérôme est debout appuyé contre le tronc d'un arbre, de la main gauche il tient un livre avec le doigt au feuillet qui fait l'objet de sa méditation. L'autre saint, assis à droite sur les débris d'une corniche, paraît dormir. Derrière se dresse le rocher sur lequel est bâtie la cabane du patriarche et à laquelle on parvient par un escalier taillé le long du rocher.
  Pièce non décrite.

NADAT (dit le maître à la ratière)

377 — La Vierge et sainte Anne (B. 1).
  Magnifique épreuve du premier état, avant l'adresse de Salamanca. Estampe très-rare. Collection Durand.

NIELLES

378 — Baiser de Paix, gravé sur argent, divisé en trois compartiments. Le sujet d'en bas représente Jésus-Christ marchant vers la droite et portant sa croix sur son épaule gauche, il est suivi de la Vierge. Le sujet d'en haut, de forme cintrée, représente l'homme de douleurs ; il est vu à mi-corps, les mains croisées, la tête penchée du côté gauche ; on voit dans le fond la traverse de la croix et les instruments de la Passion. Entre ces deux sujets, une frise avec ces mots : Jacobus Svannis Cole. Ces trois plaques sur argent, montées sur bronze, forment un petit monument de 180 mill. sur 90 mill.

379 — Adoration des mages, par Maso Finiguera (Duch. 32), avec sujet complémentaire en haut. Haut. de la feuille totale, 168 mill. ; haut. du sujet principal, 115 mill.; largeur, 100. Au-dessus de la composition principale se trouve sur la même feuille une Annonciation qui complète la décoration de la Paix. Ce sujet n'ayant jamais été décrit, nous en donnerons une courte description. La Vierge est assise à gauche sur un banc de pierre adossé à une enceinte formée par un mur crénelé. A la voix de l'ange qui lui parle en mettant un genou en terre, elle a cessé de lire et est frappée de stupeur. Elle incline la tête en signe de soumission à la volonté divine. Dieu, le Père, fait alors descendre sur elle l'Esprit saint, sous la forme d'une colombe. Cette composition, de forme cintrée avec de fortes échancrures pour recevoir les clous, ajoute un intérêt considérable à la pièce principale et nous fait connaître l'ordonnance générale de la Paix.

Épreuve d'une fraîcheur remarquable, d'une conservation parfaite, sauf quelques petits trous de vers qui se distinguent à peine. Cette pièce est certainement unique par son importance.

NIELLES

380 — Adoration des mages, pièce non décrite. Losange présentant en haut. 60 mill., en larg. 46 mill. La Vierge, assise près d'un pilier richement orné, présente l'enfant Jésus aux adorations des rois mages. A gauche se tient saint Joseph et dans le lointain on aperçoit un berger ; à droite la suite des rois se tient de l'autre côté d'une porte cintrée. Les figures se détachent au trait sur un fond bleu.

    Très-belle épreuve.

381 — La Vierge et l'enfant Jésus (Duch. 64). Pièce ronde. Duchesne, ayant décrit cette pièce sans l'avoir vue d'après le catalogue Malaspino , a omis dans l'inscription le mot Méchi qui complète le sens.

    Superbe épreuve d'une conservation parfaite.

382 — Triomphe de Neptune, par Peregrini (Duch. 214).
    Superbe épreuve d'une conservation parfaite. Collection Van Sestish.

383 — Mercure debout (Duch. 217).
    Superbe épreuve d'une conservation parfaite.

384 — Triton caressant une nymphe, par Peregrini (Duch. 238).'

    Très-belle épreuve.

385 — Une femme avec trois hommes et un satyre, gravé par Peregrini (Duch. 242).

    Superbe et très-rare épreuve du 1er état avec la touffe d'herbes entre les jambes de l'homme qui porte trois têtes d'animaux, exprimée par deux feuilles.

NIELLES

386 — La même pièee.

Très-belle épreuve du 2ᵉ état, la touffe d'herbes est augmentée de deux feuilles ; de plus on remarque près du pied gauche une seconde petite touffe.

387 — Hercule et Déjanire, par Peregrini (Duch. 253).

Superbe épreuve avec marge.

388 — Arion abordant au Pirée (Duch. 258).

Superbe épreuve d'une parfaite conservation. Collection Wilson.

389 — Pyrame et Thisbé (Duch. 259).

Superbe épreuve avec une petite marge, imprimée avec une encre un peu verdâtre, d'une conservation parfaite.

390 — Artaxerce recevant la tête de Cyrus (Duch. 262).

Superbe épreuve, remarquable de conservation et de fraicheur.

391 — Tête d'homme avec un bonnet orné de fourrure (Duch. 329).

Superbe épreuve d'une conservation parfaite avec une petite marge. Collection Marshall.

392 — Bustes d'hommes (Duch. 338).

Superbe épreuve imprimée à l'encre bleue, conservation parfaite. Collection Wilson.

393 — Tête de jeune femme (Duch. 342).

Superbe épreuve, d'une parfaite conservation.

394 — Arabesque avec sphinx ailé sonnant de deux trompettes, gravé par Peregrini (Duch. 356).

Très-belle épreuve.

NIELLES

395 — Conversion de saint Paul (Pass. 503).

396 — Vulcain (Pass. 618).

Superbe épreuve, d'une conservation parfaite.

397 — Manche de couteau (Pass. 786).

Superbe épreuve en parfait état de conservation.

398 — Saint Georges, sainte Catherine, saint Benoît et sainte Barbe. Suite de quatre pièces d'égale grandeur et non décrites.

Superbes épreuves avec une petite marge.

Haut. 43 millim., larg. 23.

399 — Hercule et Déjanire. Hercule, la tête ceinte de lauriers, la peau du lion de Némée sur le bras droit. Déjanire détourne la tête, elle porte une lyre surmontée d'une couronne. Dans le haut pend une guirlande attachée par des bandelettes. Ce Nielle a été reproduit dans le t. 1er, p. 336 de la *Gazette des Beaux-Arts*. Haut., 60 mill.; larg. 30 mill.

Epreuve imprimée en encre bleue.

400 — Psyché condamnée à puiser de l'eau à une source gardée par un dragon. Pièce non décrite. Haut., 33 mill.; larg., 21.

Superbe épreuve d'une conservation parfaite.

401 — Portrait d'un jeune Florentin. Jeune homme vu de profil, la tête tournée à droite. Il porte des cheveux ras sur le devant, longs et plats sur le derrière, avec une calote posée sur le sommet de la tête. Pièce non décrite. Haut., 30 mill.; largeur, 15 mill.

Superbe épreuve. Collection Marshall.

NIELLES

402 — Etui. Rinceau de feuillage avec un vase au centre. Pièce non décrite. Haut., 120 mill.; larg., 15 mill.

Superbe épreuve, d'une conservation parfaite.

OSTADE (Adrien Van)

403 — La Famille (B. 46).

Épreuve de toute beauté à l'eau-forte pure, avec de grandes marges. Extrêmement rare dans une aussi belle condition.

404 — La fête sous le grand arbre (B. 48).

Superbe épreuve avant que les traits diagonaux, au-dessus de l'arbre qui est devant le clocher, aient été effacés.

POLLAJUOLO (Antoine)

405 — Les Gladiateurs (B. 2).

Très-belle épreuve.

POTTER (Paul)

406 — Suite de bœufs et vaches (B. 1 à 8).

Superbes épreuves avant que les travaux, dans les parties ombrées, aient été repris au burin et avant que l'adresse ait été effacée et remplacée par celle de Witt.

407 — Différents chevaux (B. 9 à 14).

Magnifiques épreuves du 1er état, formant une suite parfaitement égale. Collection Verstolk de Sœlen et R. Dumesnil. Le n° 9 est avant l'allongement de la queue, le n° 10 avant les travaux ébarbés, le n° 11 avant les travaux ébarbés et avec la queue plus fournie, le n° 12 avant des changements dans le ciel, le n° 12 avant différentes lignes ajoutées dans le ciel avec une petite marge. Extrêmement rares.

PORTO (Giovanni Baptista del, dit le)

408 — Léda. (Voir pour cette pièce le travail de M. Galichon sur ce maître, publié dans la *Gazette des Beaux-Arts*, t. IV, p. 257, n° 6.) Bartsch a décrit cette pièce dans l'œuvre de Nicoletto de Modène, comme étant une copie d'une pièce du maître à l'oiseau, tandis qu'elle n'est qu'un second état de la planche originale. Sous des tailles brutales la marque du maître à l'oiseau a été effacée, et celle de Nicoletto a été gravée sur une pierre.

Magnifique épreuve avec grandes marges.

409 — Léda et ses enfants (B. 3). Gal. 7.

Superbe épreuve d'une pièce très-rare.

QUEVELLERIE (G. de la)

410 — Dessins d'ornement sur fond noir. Huit pièces faisant partie de deux suites différentes.

RAIMONDI (Marc-Antoine)

411 — Le Sacrifice de Noé, par Marc de Ravenne, d'après Raphaël (B. 4).

Très-rare épreuve tirée avant la planche terminée. Collection Vanden Zande.

412 — Joseph et la femme de Putiphar, d'après Raphaël (B. 9).

Superbe épreuve.

413 — David coupant la tête à Goliath, d'après Raphaël (B. 10).

Superbe épreuve du 1er état, avant la tablette. Elle est tirée sur papier à l'échelle. Rare.

RAIMONDI (Marc-Antoine)

414 — Le Massacre des innocents, d'après Raphaël (B. 18). Pièce dite au chicot.

Superbe épreuve, mais qui a été retouchée en quelques endroits.

415 — Massacre des innocents. Pièce sans le chicot (B. 20).

Superbe épreuve d'une conservation parfaite.

416 — Jésus-Christ à table chez Simon le pharisien, d'après Raphël (B. 23).

Magnifique épreuve avant le pavé sur le parquet. Collections Debois et Robert Dumesnil.

417 — La Cène, d'après Raphaël (B. 26).

Superbe épreuve d'une parfaite conservation.

418 — La Descente de croix, d'après Raphaël (B. 32).

Superbe épreuve d'une estampe rare et d'une conservation parfaite.

419 — La même estampe.

Très-belle épreuve. Elle est doublée. Collection Durand.

420 — La Vierge pleurant le corps mort de Jésus-Christ (B. 35).

Superbe épreuve.

421 — Saint Paul prêchant à Athènes, d'après Raphaël (B. 44).

Magnifique épreuve. Collections de Fries, Borlunt de Noortdonck.

422 — Notre-Dame à l'escalier, d'après Raphaël (B. 45).

Epreuve superbe, avec une belle marge.

RAIMONDI (MARC-ANTOINE)

423 — Vierge assise sur les nues (B. 47).

Très-belle épreuve.

424 — La Vierge assise sur des nues, d'après Raphaël (B. 52).
Très-belle épreuve, manquant de fraicheur. Collection Saint-Aubin.

425 — La Vierge à la longue cuisse, d'après Raphaël (B. 57).

Superbe épreuve.

426 — La Vierge au palmier, d'après Raphaël (B. 62).

Épreuve de la plus grande beauté.

427 — Saint Georges combattant contre le dragon, d'après un auteur inconnu (B. 98).

Superbe épreuve.

428 — Martyre de saint Laurent, d'après B. Bandinelli (B. 104).

Magnifique épreuve. Collections W. Esdaile, Wilson et Dreux.

429 — Saint Michel, par Marc de Ravenne, d'après Raphaël (B. 106).

Superbe épreuve.

430 — La pièce des cinq Saints, d'après Raphaël (B. 113).
Superbe épreuve.

431 — Sainte Cécile, d'après Raphaël (B. 116).

Magnifique épreuve, avec le col de la sainte très-noir. Collections Saint-Yves, Logette, Roger, et de Lasalle.

432 — Le Martyre de sainte Félicité, d'après Raphaël (B. 117).

Épreuve de la plus grande beauté, du premier état, avant que l'oreille de la sainte ait été découverte.

6

RAIMONDI (Marc-Antoine)

433 — Sainte Lucie, sainte Catherine et sainte Barbe (B. 120).
Epreuve séparée en trois morceaux selon l'indication de
Bartsch.

Très-belles épreuves.

434 — Saint Job (B. 153).

Très-belle épreuve.

435 — Sainte Madeleine. La sainte est debout, tenant à la
main un vase ; ses longs cheveux tombent sur le dos et
cachent sur le devant sa nudité. Dans le bas on lit : S.
Magdalena. Pièce non décrite.

Très-belle épreuve d'une planche gravée comme les nielles, de la plus
grande rareté.

436 — Didon, d'après Raphaël (B. 187).

Superbe épreuve.

437 — L'Empereur rencontrant le guerrier, par A. Vénitien,
d'après Raphaël (B. 196).

Magnifique épreuve. Collections Denon et de Lasalle.

438 — Cléopâtre, d'après Raphaël (B. 199).

Magnifique épreuve. Collection Arozarena.

439 — Danse d'amours, d'après Raphaël (B. 217).

Très-belle épreuve d'une estampe rare.

440 — Deux faunes portant un enfant, d'après un bas-relief
antique (B. 230).

Très-belle épreuve.

441 — Léda, par A. Vénitien (B. 232).

Bonne épreuve d'un état non indiqué, par Bartsch, avec le monogramme du maître.

RAIMONDI (Marc-Antoine)

442 — Marche de Silène, par A. Vénitien (B. 240).

Très-belle épreuve du premier état, avant l'adresse de Salamanca.
Collection Vanden Zande.

443 — Le Jugement de Pâris, d'après Raphaël (B. 245).

Superbe épreuve avec les traces très-apparentes de la pierre ponce sur
les terrains. Collections Quatremère de Quincy et Rattier. Très-belle
conservation.

444 — La Bacchanale, d'après un bas-relief antique (B. 249),

Très-belle épreuve. Collection Dreux.

445 — Le Satyre et l'Enfant, d'après Raphaël (B. 281).

Superbe épreuve. Collection Dreux.

446 — Orphée et Eurydice. Pièce des premières manières de
Marc Antoine (B. 282).

Très-belle épreuve d'une estampe rare.

447 — Le Satyre surprenant une nymphe (B. 285).

Superbe épreuve d'une pièce des premiers temps de Marc-Antoine.
De la plus grande rareté.

448 — Orphée et Eurydice (B. 295).

Superbe épreuve.

449 — Le Satyre portant une nymphe, par Marc de Ravenne,
d'après Jules Romain (B. 300).

Superbe épreuve.

450 — La Vendange, d'après Raphaël (B. 306).

Epreuve de la plus grande beauté. Collection Esdaile.

RAIMONDI (Marc-Antoine)

451 — Vénus et l'Amour, d'après Raphaël (B. 311).
Magnifique épreuve. Très-rare de cette beauté.

452 — Vénus sortie de la mer, d'après un anonyme (B. 312).
Épreuve de la plus grande beauté.

453 — Vénus accroupie, d'après Francia (B. 313).
Très-belle épreuve.

454 — Le Satyre surprenant une nymphe, d'après un maître inconnu (B. 319).
Magnifique épreuve, avant la retouche.

455 — La même estampe.
Très-belle épreuve.

456 — L'Amour et les trois Enfants, d'après un anonyme (B. 320).
Magnifique épreuve.

457 — Vulcain, Vénus et l'Amour, d'après un maître inconnu (B. 326).
Superbe épreuve. Collection Brentano.

458 — Pallas, d'après Raphaël ou Jules Romain (B. 337).
Épreuve de la plus grande beauté.

459 — Jupiter embrassant l'Amour, d'après Raphaël (B. 342).
Magnifique épreuve.

460 — Mars, Vénus et l'Amour, d'après Mantegna (B. 345).
Magnifique épreuve du première état, avant la torche, la tête de Méduse sur le bouclier, les arbres retravaillés et la montagne ajoutée dans le fond. Le bas a été refait.

RAIMONDI (Marc-Antoine)

461 — Apollon et Hyacinthe, d'après Francia (B. 348).

Magnifique épreuve.

462 — Le Quos ego, d'après Raphaël (B. 352).

Très-belle épreuve de la pièce retouchée.

463 — La Femme au croissant, d'après Francia (B. 354).

Magnifique épreuve ; elle porte au recto et au verso, la signature de P. Mariette. Collection Sykes, très-rare de cette beauté.

464 — La Femme au croissant, d'après Francia (B. 354).

Très-belle épreuve ; elle porte au verso la signature de P. Mariette, 1680.

465 — Amadée, d'après Francia (B. 355).

Superbe épreuve.

466 — L'Homme aux deux trompettes, d'après un dessin que l'on croit de Bandinelli (B. 356).

Très-belle épreuve mais manquant de conservation. Collections Denon, Debois et de Lasalle.

467 — Le Songe de Raphaël (B. 359).

Magnifique épreuve de premier état, avant que le monogramme ait été gravé une seconde fois sur le terrain. Collections Durand et Robert Dumesnil.

468 — Le Jeune homme au brandon, d'après un anonyme (B. 360).

Très-belle épreuve d'une estampe rare.

469 — Trajan entre la Ville de Rome et la Victoire, d'après l'un des bas-reliefs de l'arc de Constantin (B. 361).

Magnifique épreuve. Collections Denon et His de Lasalle.

RAIMONDI (Marc-Antoine)

470 — La Tempérance, d'après Mantegna (B. 376).

Superbe épreuve. Collection de Lasalle.

471 — L'Homme et la femme aux boules, d'après Francia (B. 377).

Magnifique épreuve avec une petite marge. Collections Barnard et Verstolk de Soelen.

472 — L'Homme montrant une hache à une femme (B. 380).

Superbe épreuve. Collection Denon.

473 — La Poësie, d'après Raphaël (B. 382).

Superbe épreuve du premier état, avant l'inscription sur la tablette, et nombre de travaux dans le visage et les nuages. On ne connaît que trois épreuves de cet état, dans la collection de M. Dutuit, au British Museum et la nôtre.

474 — Jeune Femme arrosant une plante, d'après un maître inconnu (B. 383).

Magnifique épreuve d'une estampe rare.

475 — La Charité, d'après Raphaël (B. 386).

Très-belle copie.

476 — La Foi, d'après Raphaël (B. 387).

Superbe épreuve.

477 — La Prudence, d'après Raphaël (B. 392).

Superbe épreuve. La bordure est refaite.

478 — Le Serpent parlant à un jeune homme (B. 396).

Superbe épreuve d'une pièce rare.

RAIMONDI (Marc-Antoine)

479 — Les deux Femmes au zodiaque, d'après Raphaël (B. 397).

Très-belle épreuve.

480 — Les trois Docteurs (B. 404).

Magnifique épreuve d'une pièce charmante et rare.

481 — Le vieux Berger, par A. Vénitien (B. 408).

Très-belle épreuve.

482 — La Peste, d'après Raphaël (B. 417).

Superbe épreuve dont le papier a été doublé. Elle manque de conservation. Cabinet Busche. Premier état avant les retouches sur les bâtiments et avant le pointillé plus accusé sur la partie lumineuse de la colonne renversée derrière l'homme qui écarte l'enfant.

483 — L'Homme à genoux à la lisière d'un bois, d'après Francia (B. 434).

Superbe épreuve.

484 — La Femme qui s'arrache les cheveux, d'après Francia (B. 437).

Très-belle épreuve. Collection de Lasalle.

485 — L'Homme endormi à l'entrée d'un bois, d'après Francia (B. 438).

Magnifique épreuve. Collections Sikes et Arozarena.

486 — La Femme en méditation, par un anonyme, d'après Raphaël (B. 445).

Belle épreuve.

487 — Femme portant un enfant, d'après Raphaël (B. 450).

Très-belle épreuve.

488 — La Vieille allant à la fosse, d'après Raphaël (B. 456).

Très-belle épreuve. Rare.

RAIMONDI (Marc-Antoine)

489 — La Femme pensive (B. 460), d'après le Parmesan ou Raphaël.

Superbe épreuve signée de Mariette, 1693.

489 *bis* — Le même sujet. Copie B. Attribuée à Marc-Antoine.
Superbe épreuve.

490 — L'Homme examinant la blessure de son pied, d'après un anonyme (B. 465).

Très-belle épreuve.

491 — Les Chanteurs, d'après un dessin de la composition de Raimondi (B. 468).

Magnifique épreuve. Très-rare.

492 — Le Joueur de guitare, d'après Francia (B. 469).
Très-belle épreuve.

493 — L'Homme portant la base d'une colonne, d'après Raphaël (B. 476).

Magnifique épreuve.

494 — Femme debout auprès d'un vase, par Augustin Vénitien (B. 478).

Belle épreuve.

495 — Les Grimpeurs (B. 487).
Superbe épreuve. Très-rare.

496 — Pierre Arétin, célèbre poëte, d'après un tableau du Titien (B. 513).

Superbe épreuve. Bartsch dit cette estampe une des plus rares et la mieux gravée de Marc-Antoine.

RAIMONDI (MARC-ANTOINE)

497 — Anée Pie; Paul II; Sixte IV; Innocent VIII; Alexandre VI; Pie III.

Ces portraits remarquables, gravés sur fond noir dans le goût des
nielles, ont-ils fait partie d'une suite plus nombreuse? nous l'ignorons et
ne le pensons pas, car la Bibliothèque nationale ne possède que ces six
mêmes portraits.

Superbes épreuves. Rarissime.

498 — Jésus-Christ à la croix entre la Vierge et saint Jean,
d'après A. Durer (B. 645).

Magnifique épreuve de la plus grande rareté.

499 — Les trois croix. Copie non décrite par Bartsch, du
n° 59 des bois d'Albert Durer.

Superbe épreuve.

500 — Saint Etienne, saint Grégoire et saint Laurent. Copie
non décrite d'un bois d'Albert Durer, n° 108.

Très-belle épreuve.

501 — Sainte Madeleine portée par les anges. Copie non décrite d'un bois d'Albert Durer, n° 121.

Superbe épreuve, sur papier à la balance.

RAVENNE (MARC DE)

502 — La Salutation angélique, d'après un dessin de Raphaël.
Pièce non décrite par Bartsch.

Magnifique épreuve.

REMBRANDT (PAUL VAN RHYN)

503 — Rembrandt aux trois moustaches (B. 2). Cl. 2. C. B.
206.

Superbe épreuve avant l'œil gauche élargi et les travaux additionnels
dans le bonnet et les cheveux. Elle a une petite marge.

REMBRANDT (Paul van Rhyn)

504 — Rembrandt aux cheveux hérissés (B. 8). Cl. 8. C. B. 212.

> Superbe épreuve du premier état, avant la diminution de la planche. Extrêmement rare. Collection Verstolk de Soelen.

505 — Rembrandt et sa femme (B. 19). Cl. 19. C. B. 203.

> Superbe épreuve avec le fond sale.

506. — Adam et Eve (B. 28). Cl. 34. C. B. 1.

> Superbe épreuve du premier état, avant que les reflets sur la cuisse droite d'Eve aient été éteints.

507 — Abraham qui reçoit les trois anges (B. 29). Cl. 35. C. B. 2.

> Superbe épreuve, chargée de manière noire, sur papier du Japon. Collections Astley et Reynolds.

508 — Agar renvoyée par Abraham (B. 30). Cl. 37. C. B. 3.

> Superbe épreuve.

509 — Abraham caressant Isaac (B. 33). Cl. 38. C. B. 4.

> Superbe épreuve du premier état, avant le trait échappé au-dessus de l'épaule gauche d'Isaac, et avant la bouche et l'œil gauche d'Abraham retouchés. Collection Aylesfort.

510 — Le Triomphe de Mardochée (B. 40). Cl. 44. C. B. 12.

> Magnifique épreuve du premier état, avec les hachures du haut à gauche, produisant l'effet du crayon lithographique.

511 — L'Adoration des bergers (B. 46). Cl. 50. C. B. 19.

> Très-belle épreuve.

512 — Présentation au Temple, dite avec l'ange (B. 51). Cl. 55. C. B. 24.

REMBRANDT (Paul van Rhyn)

513 — Fuite en Egypte (B. 53). Cl. 56. C. 56.

Très-belle épreuve du premier état, avant la retouche et avec le fond sale. Collection Vanden Zande.

514 — Jésus ramené au Temple (B. 60). Cl. 64. C. B. 38.

Epreuve de toute beauté, très-chargée de barbes. Elle a une petite marge. Rare.

515 — Jésus-Christ disputant avec les docteurs de la loi (B. 65). Cl. 69. C. B. 36.

Superbe épreuve du premier état, avant la retouche et avec les barbes sur le bonnet de l'homme derrière Jésus. Elle a une petite marge.

516 — Jésus-Christ prêchant; pièce dite la petite tombe (B. 67). Cl. 71. C. B. 39.

Superbe épreuve tirée avant que les travaux à la pointe sèche aient été ébarbés; l'homme coiffé d'un turban, debout sur le devant, à la gauche de l'estampe, a le bras et le vêtement fort poussés au noir.

517 — La Samaritaine dite aux ruines (B. 71). Cl. 75. C. B. 46.

Superbe épreuve avec grandes marges du premier état, avant de nombreux travaux et avec les deux lignes parallèles formant la bordure du haut.

518 — Jésus-Christ guérissant les malades, dite la pièce de Cent florins. (B. 74).) Cl. 78. C. B. 49.

Epreuve d'une beauté extraordinaire, quoique du deuxième état, avec les contretailles sur le cou de l'âne. Elle est tirée sur papier du Japon, avec une marge de 4 centimètres. Collection Aylesfort.

519 — Jésus-Christ présenté au peuple (B. 76). Cl. 80. C. B. 51.

Epreuve de toute beauté, tirée sur papier du Japon qu'il a fallu agrandir en y ajoutant plusieurs bandes. Elle est d'un tout premier état inconnu à Bartsch, avant la balustrade indiquée sur le haut à droite, et l'ombre portée de ce bâtiment de droite sur celui de face, où se voit une croisée avec deux figures, n'est pas encore imprimée. Il n'y a pas de contretailles sur la cuisse de l'homme placé à l'extrémité gauche du perron et séparé de Pilate par un socle. Il n'y a pas non plus de contre-tailles horizontales à côté des colonnes, au-dessous de la croisée du bâtiment de gauche. La femme qui regarde à cette croisée a le visage clair. Cette épreuve, extrêmement rare, est sans nom ni année.

Collections Howard, *Earl of* Arundel, Reynolds, Remy et Festetisch·

520 — Ecce Homo (B. 77). Cl. 82. C. B. 52.

> Superbe épreuve du troisième état, avant l'inscription : Rembrandt pinx..., gravée dans la marge du bas.

521 — Jésus-Christ en croix entre les deux larrons (B. 79). Cl. 84. C. B. 54.

> Très-belle épreuve.

522 — Les Petits Pèlerins d'Emmaüs (B. 88). Cl. 92, C. B. 62.

> Magnifique épreuve du premier état avant des tailles horizontales ajoutées au-dessous de celles qui existent déjà sur le pied de la table.

523 — Le Retour de l'Enfant prodigue (B. 91), Cl. 95. C. B. 43.

> Très-belle épreuve.

524 — La Décollation de saint Jean-Baptiste (B. 93). Cl. 96. C. B. 40.

> Très-belle épreuve.

525 — Le Baptême de l'Eunuque (B. 98). Cl. 101. C. B. 69.

> Superbe épreuve du premier état, avant que la chute d'eau ait été couverte de tailles. Elle a une petite marge.

REMBRANDT (Paul van Ruyn)

526 — La Mort de la Vierge (B. 99). Cl. 102. C. B. 70.

Très-belle épreuve.

527 — Saint Jérôme (B. 102). Cl. 105. C. B. 73.

Très-belle épreuve avec marge. Le nom de Rembrandt est encore lisible.

528 — Saint Jérôme au tronc d'arbre (B. 103). Cl. 106. C. B. 74.

Magnifique épreuve. Collection Vanden Zande.

529 — Saint Jérôme dans le goût d'Albert Durer (B. 14). Cl. 197. C. B. 75.

Epreuve de toute beauté, avec beaucoup de manière noire, sur papier du Japon. Collection Festetisch.

530 — Chasse aux lions (B. 115). Cl. 117. C. B. 87.

Superbe et rare épreuve avant que le fond ait été nettoyé. Collection Vanden Zande.

531 — Chasse aux lions, dans le goût de Rubens (B. 116). Cl. 118. C. B. 88.

Superbe épreuve. Collection His de Lasalle.

532 — Sujet de bataille (B. 117). Cl. 119. C. B. 89.

Superbe épreuve du deuxième état, avec le fond très-couvert de salissures par la pierre ponce. Collections Vanden Zande, Robert Dumesnil et Verstolk de Sœlen.

533 — La Faiseuse de koucks (B. 124). Cl. 126. C. B. 93.

Très-belle épreuve avec marge.

534 — Le Maître d'école (B. 128). Cl. 129. C. B. 99.

Très-belle épreuve sur papier du Japon.

REMBRANDT (Paul van Rhyn)

535 — Juif à grand bonnet (B. 133). Cl. 133. C. B. 101.

Très-belle épreuve.

536 — Le Joueur de cartes (B. 136). Cl. 136. C. B. 104.

Superbe épreuve du premier état, à l'eau-forte pure. Les travaux du fond n'atteignent pas le bord supérieur de la planche et finissent irrégulièrement en laissant des places blanches.

537 — Le Cochon (B. 157). Cl. 154. C. B. 350.

Superbe épreuve du premier état avant la planche diminuée. Très-rare. Collections Hebbert, Maberly et Wilson.

538 — Le Chien endormi (B. 158). Cl. 155. C. B. 352.

Magnifique épreuve d'une pièce extrêmement rare. Elle a une belle marge. Collection Verstolk de Sœlen et Festetisch.

539 — Gueux debout (B. 163). Cl. 160. C. B. 126.

Superbe épreuve rare. Collection Dreux.

540 — Mendiants, homme et femme à côté d'une butte (B. 165). Cl. 162. C. B. 129.

Magnifique épreuve du premier état avant que la planche ait été diminuée. Très-rare.

541 — La même estampe.

Très-belle épreuve. Collection Vanden Zande.

542. — Paysan déguenillé, les mains derrière le dos (B. 172). Cl. 169. C. B. 137.

Superbe épreuve. Collection Dreux.

REMBRANDT (Paul van Rhyn)

543 — Gueux assis sur une motte de terre (B. 174). Cl. 171. C. B. 136.

Superbe épreuve du premier état avant la signature en toutes lettres, les bords nettoyés et avant l'ombre fortifiée.

544 — Mendiants à la porte d'une maison (B. 176). Cl. 173. C. B. 146.

Magnifique épreuve avant les travaux ajoutés à la pointe sèche. Elle a une petite marge.

545. Gueux estropié (B. 179). Cl. 176. C. B. 142.

Superbe épreuve du premier état avant que la planche ait été coupée par le bas de manière à faire porter la béquille sur le bord inférieur.

546 — Figures académiques d'hommes (B. 194). Cl. 191. C. B. 159.

Très-belle épreuve du premier état avant que les taches blanches sur la mâchoire de l'homme debout et sur les bras de l'homme assis aient été couvertes de travaux additionnels.

547 — Femme au bain (B. 199). Cl. 196. C. B. 163.

Superbe épreuve, tirée sur papier du Japon.

548 — Femme nue, les pieds dans l'eau (B. 200). Cl. 197. C. B. 164.

Superbe épreuve sur papier du Japon, avec les bords de la planche très-fortement marqués et raboteux.

549 — Femme nue dormant (B. 204). Cl. 201. C. B. 168.

Très-belle épreuve du deuxième état, avec les bords raboteux et avant que la couverture ait été remontée sur les cuisses.

550 — Le Paysage aux trois chaumières (B. 217). Cl. 214. C. B. 348.

Magnifique épreuve fort chargée de manière noire.

REMBRANDT (Paul van Ruyn)

551 — Le Paysage à la tour carrée (B. 218) Cl. 215. C. B. 319.

Superbe épreuve avec beaucoup de manière noire, avant le trait échappé qui coupe le nom de Rembrandt. Collection de Férol.

552 — Le Paysage au dessinateur (B. 219) Cl. 216. C. B. 320.

Très-belle épreuve avec une petite marge.

553 — Le Canal (B. 221) Cl. 218. C. B. 322.

Magnifique épreuve très-chargée de barbes. Très-rare.

554 — La chaumière et la grange à foin (B. 225). Cl. 222. C. B. 327.

Superbe épreuve, avec une petite marge. Collections Bohm, Festetisch et Gawet.

555 — La Chaumière au grand arbre (B. 226). Cl. 223. C. B. 326.

Superbe épreuve.

556 — La Barque à la voile (B. 228). Cl. 225. C. B. 329.

Superbe épreuve avec le fond sale.

557 — La chaumière entourée de planches (B. 232). Cl. 229. C. B. 332.

Superbe épreuve avec marge.

558 — Le Moulin de Rembrandt (B. 233). Cl. 230. C. B. 333.

Superbe épreuve avec barbes et le fond sali par le vernis. Collection Meyer.

559 — La campagne du Peseur d'or (B. 234). Cl. 231. C. B. 334.

Superbe épreuve d'une pièce rare. Collection Festetisch.

REMBRANDT (Paul van Rhyn)

560 — Homme à barbe courte et bonnet fourré (B. 263). Cl. 260. C. B. 267.

> Magnifique épreuve du troisième état, avant que la planche ait été coupée sur la droite. Collections Debois, R. Dumesnil et Vanden Zande.

561 — Vieillard à barbe carrée (B. 265). Cl. 262. C. B. 271.

> Très-rare épreuve avec la bouche mal articulée.

562 — Jean-Corneille Sylvius (B. 266). Cl. 263. C. B. 186.

> Très-belle épreuve.

563 — Jeune homme assis et réfléchissant (B. 268). Cl. 265. C. B. 258.

> Magnifique épreuve du premier état, avec des parties claires dans les cheveux. Elle a de grandes marges.

X **564** — Le docteur Faustus (Bartsch 270). Cl. 267. C. B. 84.

> Magnifique épreuve du premier état avant la troisième taille sur le livre à fermoirs. Elle est très-chargée de barbes et tirée sur papier de Chine.

565 — Portrait de Renier Ansloo (B. 271). Cl. 268. C. B. 170.

> Très-belle épreuve du deuxième état, avec une grande marge dans le bas, sur laquelle sont écrits, en hollandais, les noms et qualités du personnage.

X **566** — Clément de Jonghe (B. 272). Cl. 269. C. B. 180.

> Magnifique épreuve du premier état, avec la raie blanche au-dessous de la barre du fauteuil. Elle a de la marge. Collections Révil et Vanden Zande.

X **567** — Jean Lutma (B. 276). Cl. 273. C. B. 278.

> Magnifique épreuve du premier état avant la croisée. Sur papier du Japon.

7

REMBRANDT (Paul van Rhyn)

✗ 568 — Jean Asselyn (B. 277). Cl. 274. C. B. 171.

> Magnifique épreuve du premier état, avant que le chevalet ait été effacé. Elle a sa marge du bas. Épreuve sur papier de Chine, provenant d'un échange avec la Bibliothèque nationale. Très-rare.

569 — Vieillard à grand bonnet qui dort (B. 290). Cl. 287. C. B. 286.

> Superbe épreuve.

570 — Vieillard à grande barbe et à l'épaule blanche (B. 291). Cl. 288. C. B. 285.

> Superbe épreuve. Collection Vanden Zande.

571 Vieillard à barbe carrée (B. 313). Cl. 309. C. B. 269.

> Magnifique épreuve du premier état avant la retouche. On distingue facilement quatre plis au manteau sur l'épaule. Dans le second état on ne distingue plus que trois des plis du manteau. Très-rare. Collections Wolterbeck et Vanden Zande.

572 — Homme à moustaches et grand bonnet (B. 321). Cl. 314. C. B. 266.

> Superbe épreuve du premier état avant que la planche ait été coupée par le haut et sur la droite. Très-rare. Collection Vanden Zande.

573 — Vieillard à barbe carrée fort large (B. 325). Cl. 318. C. B. 282.

> Très-belle épreuve. Collection Vanden Zande.

574 — La grande Mariée juive (B. 340). Cl. 330. C. B. 199.

> Magnifique épreuve avec le point sur la joue très-apparent. Collection Arozarena.

REMBRANDT (Paul van Rhyn)

575 — Vieille femme assise (B. 345). Cl. 333. C. B. 196.

Très-belle épreuve du premier état, avant que les contretailles, dont l'ombre portée par le fauteuil, ne s'élèvent aussi haut que les premières tailles et touchent le monogramme. Extrêmement rare.

576 — Vieille dormant (B. 350). Cl. 340. C. B. 244.

Magnifique épreuve. Collection de la Salle.

577 — Vieille bien caractérisée, regardant en bas (B. 351). Cl. 341. C. B. 191.

Superbe épreuve avec marges.

578 — Tête de la mère de Rembrandt, vue de face (B. 352). Cl. 342. C. B. 192.

Superbe épreuve avec marge. Collections Verstolk de Sœlen et Vanden Zande.

579 — Etude de trois têtes de femmes (B. 367). Cl. 357. C. B. 250.

Magnifique épreuve. Collection Arozarena.

580 — Trois têtes de femmes dont une qui dort (B. 368). Cl. 358. C. B. 251.

Superbe épreuve du premier état, avant divers travaux repris au burin dans les ombres. Elle a de la marge.

ROBETTA

581 — Adam et Eve avec leurs enfants (B. 4).

Superbe épreuve d'une pièce rare.

582 — L'Adoration des Rois (B. 6).

Magnifique épreuve. Collection Busche.

ROBETTA

583 — La Vierge (B. 12).

Magnifique épreuve d'une pièce très-rare. Collection Sykes. Au revers, le décalque d'une autre épreuve.

584 — Cérès (B. 16).

Très-belle épreuve d'une pièce très-rare.

585 — Vénus entourée d'amours (B. 18).

Magnifique épreuve avec marge.

586 — L'homme attaché à un arbre par l'Amour (B. 25).

Très-belle épreuve.

RUBENS (P.-P.)

587 — Sainte Catherine.

Magnifique épreuve.

SCHONGAUER (Martin)

588 — Fuite en Egypte (B. 7).

Très-belle épreuve.

589 — Le Christ en croix : Notre Seigneur est représenté attaché à la croix qui s'élève au milieu de l'estampe. A gauche la Vierge, à droite saint Jean. Le monogramme du maître est au milieu d'en bas.

Très-belle épreuve.

Bartsch a décrit le même sujet dans son X^e volume, p. 6, n° 2; mais il ne dit pas qu'elle porte le monogramme M. S.

Haut., 105 mill.; larg., 72 mill.

590 — La sépulture (B. 18).

Superbe épreuve.

SCHONGAUER (MARTIN)

591 — Jésus-Christ en jardinier apparaissant à Madeleine (B. 26). Petite copie de l'époque.

Très-belle épreuve.

592 — La Vierge assise dans une cour (B. 32).

Magnifique épreuve.

593 — La mort de la Vierge (B. 33).

Superbe épreuve.

X 594 — Les douze Apôtres, représentés debout (B. 34-45). Suite de douze estampes.

Très-belles épreuves. Collection du prince de Paar.

X 595 — Saint George (B. 50).

Rare et superbe épreuve. Collection du comte de Fries.

X 596 — Saint George (B. 52).

Bonne épreuve d'une pièce rare.

597 — Saint Jean l'évangéliste (B. 55).

Belle épreuve. Collection du prince de Paar.

598 — Saint Michel (B. 58).

Superbe épreuve.

599 — Saint Antoine (B. 46).

Superbe épreuve.

X 600 — Les apprentis orfèvres (B. 91).

Très-belle épreuve d'une pièce rare.

SCHONGAUER (Martin)

601 — Une femme sauvage soutenant de la main gauche un enfant qu'elle allaite (B. 100).

Magnifique épreuve. Collection Esdaile.

SESTO (Cesare da)

602 — Décollation de saint Jean-Baptiste. Le bourreau a frappé le corps de saint Jean-Baptiste agenouillé qui s'affaisse en inondant la terre de sang. Hérodiade précédée de Salomé emporte le tête de saint Jean. La scène se passe en pleine campagne sur le bord de la mer. (Voir pour la description de cette estampe le travail de M. Galichon sur Cesare da Testo, publié dans la *Gazette des Beaux-Arts*, t. XVIII, p. 550). Dans le catalogue de la collection Durazzo, cette estampe a été attribuée à M. Fogolino.

Superbe épreuve d'une pièce très-rare, restée inconnue Bartsch et Passavant.

WATERLOO (Ant)

603 — Le jeune Tobie (B. 134).

Très-belle épreuve.

WŒRIOT (Pierre)

604 — Garniture d'épée (R. D. 376).

Superbe épreuve.

605 — Garniture d'épée (R. D. 378).

Superbe épreuve.

ZAGEL (Martin)

606 — Le martyre de saint Sébastien (B. 4).
Superbe épreuve.

607 — L'Embrassement (B. 15).
Superbe épreuve.

X 608 — Effigies des empereurs romains. 1 vol. in-folio renfermant 96 portraits, avec texte au verso, entourés de bordures. Dans cet ouvrage se trouvent imprimées comme servant de culs-de-lampes, la belle suite d'ornements pour marqueterie, gravée par Flotner.

LITHOGRAPHIES

ET

EAUX-FORTES MODERNES

ALLEMAND

X 609 — Paysages. *Ducourg 13*

Deux pièces gravées à l'eau-forte.

BONINGTON (R.-P.)

610 — Bergues. La Tour du marché.

Très-belle épreuve.

611 — Caen. Eglise Saint-Sauveur.

Très-belle épreuve.

612 — Rouen. Fontaine de la Crosse.

Très-belle épreuve.

613 — Rouen. Entrée de la salle des Pas-Perdus, au palais de Justice.

Très-belle épreuve.

614 — Lillebonne. Château d'Harcourt.

Très-belle épreuve.

615 — Vue de la cathédrale Saint-Jean, à Lyon.

Très-belle épreuve sur chine.

616 — Entrée de la rade de Rio-Janeiro, d'après Rugendas.

Très-belle épreuve.

CHARLET (N.-T.)

617 — Que dit-on? — On ne dit rien. — Il faut en rire. — Ils s'en vont.

Quatre pièces.

618 — Pièces inédites et sujets tirés d'albums.

Trente-deux pièces.

COROT

619 — Paysages.

Deux pièces gravées à l'eau-forte.

DECAMPS (A.-G.)

620 — Le Gardeur de porcs.

Pièce très-rare gravée à l'eau-forte. Superbe épreuve avant toute lettre sur chine.

621 — Les Anes sous le toit.

Épreuve avant le numéro et avant la signature à la pointe sèche, sur chine.

622 — Le Savoyard et le Singe.

Épreuve avant la lettre et l'adresse de Motte.

623 — Défaite des Grecs.

Épreuve avant la lettre.

624 — Arrêt de la cour prévôtale. — Grands sauteurs.

Deux pièces tirées du journal *la Caricature*.

625 — Titres de romances.

Sept pièces.

626 — Sujets tirés d'albums.

Vingt-neuf pièces.

DELACROIX (E.)

627 — Lion dévorant un cheval.

Épreuve sur chine.

GÉRICAULT (J.-L.-A.-T.)

628 — Lara blessé. — Le Giaour.

Deux pièces. Épreuves sur chine.

629 — Les mêmes.

Épreuves sur chine.

630 — Le Giaour. — La Fiancée d'Abydos. — Lara. — Mazeppa.

Suite de quatre pièces. Épreuves sur chine.

631 — Lara blessé. — Le Giaour, — La Fiancée d'Abydos, etc.

Neuf pièces.

632 — Suite de cinq petites pièces publiées par Gihaut, imprimées par Villain.

Épreuves sur chine.

633 — Cheval franchissant une barrière. — Cheval anglais. — Cheval que l'on ferre. — Cheval au trot.

Suite de quatre pièces exécutées au tampon et au grattoir. Épreuves sur chine.

634 — Chevaux de ferme. — Cheval mort. — Hangar de maréchal-ferrant.. — Les Boueux. — Un roulier montant une côte.

Suite de cinq pièces. Épreuves sur chine.

635 — Etudes de chevaux d'après nature.

Suite de douze pièces. Épreuves sur chine.

636 — Treize pièces doubles de la suite précédente.

Plusieurs sont avec les numéros.

637 — Le Maréchal anglais. — Chevaux conduits à la foire montant une côte. — Deux chevaux de poste à la porte d'une écurie. — Jeune garçon donnant l'avoine à un cheval. — Cheval hargneux. — Vieux cheval à la porte d'une auberge.

Six pièces.

638 — Trois pièces doubles de celles indiquées ci-dessus.

639 — Pièces tirées de différentes suites.

Dix-sept pièces.

GOYA (F.)

640 — L'Homme garrotté (Cat. Lefort, 246).

Très-belle épreuve. Rare.

641 — Menippe, — Esope (239-240). Deux pièces d'après Velasquez.

Très-belles épreuves.

642 — L'Aveugle enlevé sur les cornes d'un taureau (247).

Très-belle épreuve.

643 — Un aveugle chantant (255).

Très-belle épreuve.

644 — Un Prisonnier (258).

Très-belle épreuve.

645 — Le Duel (Cat. Lefort, 264).
Très-belle épreuve. Rare.

646 — Animal fantastique vomissant des corps humains.
Pièce à l'eau-forte.

647 — Tête d'un vieillard, les mains jointes.
Pièce gravée à l'eau-forte.

GROS (LE BARON)

648 — Chef de mameluks à cheval appelant du secours. — Arabe du désert, etc.

Trois pièces.

INGRES

649 — Odalisque.

Belle épreuve.

JACQUES (CHARLES)

650 — Dix-sept pièces de son œuvre.

MEISSONNIER

651 — Polichinelle debout.

Très-belle épreuve.

652 — Le Fumeur.

Très-belle épreuve sur chine.

653 — Le Rapport.

Très-belle épreuve.

MERYON (CH.)

654 — Rue Pirouette, aux Halles, 1860 (23).

Très-belle épreuve.

655 — Présentation, au roi Louis XI, du Valère Maxime imprimé à Paris, vers 1475.

Très-belle épreuve sur papier du Japon (24).

656 — Partie de la cité de Paris, vers la fin du XVIIIe siècle, sur la rive gauche de la Seine (27).

Très-belle épreuve avant la lettre.

657 — Armes symboliques de la ville de Paris (33).

Très-belle épreuve.

658 — Le Stryge (35).

Très-belle épreuve.

659 — Le Pont-Neuf (45).

Épreuve sur chine.

660 — La Morgue, 1850 (48).

Superbe épreuve avant la lettre.

661 —. Tourelle de la rue de la Tixeranderie, démolie en 1851.

Superbe épreuve du premier état, sur chine.

662 — Le Tombeau de Molière (51).

Très-belle épreuve.

663 — La rue des Toiles, à Bourges (56).

Superbe épreuve du premier état avec le nom de Meryon et l'adresse de l'imprimeur ; on distingue à gauche un chien fouillant des immondices.

664 — La même estampe.

Très-belle épreuve du deuxième état.

665 — Ancienne habitation à Bourges. (57).

Très-belle épreuve avant la lettre.

666 — La même estampe.

Très-belle épreuve.

667 — Nouvelle-Calédonie. Grande case indigène sur le chemin de Poëpa (62).

Très-belle épreuve avant la lettre.

668

668 — Nouvelle-Zélande. Greniers indigènes et habitations à Akaroa. 1843.

Très-belle épreuve.

PÉQUEGNOT

669 — Eaux-fortes. 21 pièces.

PRUD'HON (P.-P.)

670 — Une lecture.

Très-rare épreuve avant la lettre et avant un grand nombre de travaux.

671 — Phrosine et Mélidor. Epreuve d'eau-forte pure, de la plus grande rareté.

Très-belle épreuve.

672 — La Grotte. Gravé par Roger.

Très-belle épreuve avant la lettre, les noms d'artistes à la pointe.

ROBERT (LÉOPOLD)

673 — Le Repos du pâtre. — Jeune Suissesse assise.

Deux pièces, épreuves sur chine avant le tirage du journal l'*Artiste*.

ROQUEPLAN (C.)

674 — Titres de romances.

Cinq pièces.

SCHEFFER (ARY)

675 — L'Antiquaire. — Le jeune Malade, etc.

Trois pièces.

SEYMOUR-HADEN

676 — Paysages. Trois pièces gravées à l'eau-forte.
Très-belles épreuves dont deux sur chine.

VERNET (H.)

677 — Vingt et une pièces de son œuvre.

678 — Sous ce numéro il sera vendu un portefeuille renfermant des ornements par Berain, Watteau, Hopfer; lithographies et eaux-fortes modernes, titres de livres, etc.